しっかり基礎から
ミクロ経済学
LQアプローチ

梶谷真也
鈴木史馬

Microeconomics
Linear/Quadratic approach

日本評論社

はじめに

このテキストを手に取ったみなさんへ

　このテキストのサブタイトルである「LQ アプローチ」の LQ とは、1 次関数（Linear function）、2 次関数（Quadratic function）の頭文字です。このテキストでは、1 次関数や 2 次関数など基本的な数学的手法を使って、市場(しじょう)の役割を中心としたミクロ経済学の考え方を説明していきます。基本的な数学の手法を使うという点が、入門レベルのミクロ経済学を扱う他のテキストと大きく異なるところです。

　例えば大学で勉強するということを考えてみましょう。大学で勉強することの目的として、人類がこれまでの長い歴史の中で獲得してきた人間や社会や自然に対する理解を共有できるようになることが挙げられます。学問の中でも、人間に対する理解の体系を人文科学、社会に対する理解の体系を社会科学、自然に対する理解の体系を自然科学といいます。みなさんがこれから学ぶ経済学は社会科学の一分野になります。大学で講義される学問の多くは論理的な体系を持っています。その論理的な体系は複数の人間が共通して理解できる形、すなわち、言葉の形で存在しています。したがって、経済学の考え方も当然言葉によって表現されます。ただし、日常的な言語（例えば日本語）だけを使うのではなく、数学という言語も利用して社会を理解しようとする点に経済学の特徴があります。

　なぜ数学という言語を用いるのかというと、物事を間違いのないように筋道立てて考えるためには数学を使うのが安全だからです。物事を間違いなく筋道を立てて考えることを「論理的に考える」といいます。大学というのは物事を論理的に考える訓練をする場所であり、経済学を学ぶということは基本的な数学を用いて社会のさまざまなことを考えられる能力を身につけることだと思います。しかしながら、日本では数学についての知識が不足したまま大学に入学する学生が少なくありません。そのため、数学についての知識が不足気味の初

学者に対する経済学の入門科目において、経済学の数学的な側面をどのように扱うかが重要な問題になります。

このテキストを難しいと感じる場合、それは主にふたつの理由によると思います。第一に、数学そのものの難しさです。このテキストでは中学校で学ぶ数学的内容しか扱わないので、それほど難易度が高いわけではありませんが、それでも数学は苦手だという学生は多いでしょう。しかし、就職活動でも SPI などの適性検査で数的処理についての能力が問われますし、(中学校レベルの) 数学を基礎とする抽象的思考能力は生きていく上で必要不可欠です。

このテキストが難しいと感じる第二の理由は、数学自体の難しさではなく、数学を用いて厳密に論理を展開していくことの難しさです。言語とは意味を伝達するための記号の体系（ルール）です。日常言語は「意味を手軽に扱うこと」を得意とする一方で、「意味を厳密に扱うこと」は不得意です。数学とは日常言語が不得意とする「意味を厳密に扱うこと」のできる言語の一種です。ただし、数学には言語であることに由来する独特の文法があります。数学が苦手な人も多いといわれていますが、数学自体が苦手なのではなく数学の基本文法を忘れてしまっているため、数学という言語で表記された言葉（数式）を読めなくなっているだけという人のほうが多いように見受けられます。

これまであまり運動していなかった人がいきなり運動すると筋肉痛になるように、しばらく数学から遠ざかっていた人が数学の勉強を再び始めると頭が痛くなることもあるかもしれません。できなかったこと、やったことのなかったことをできるようになることは大変なことです。みなさんがこのテキストを難しいと感じたとしてもそれは当然のことです。とはいえ、このテキストは最低限の数学知識に絞って経済学の基本的な思考法が学べるように作成しました。みなさんも多少難しくても理解できるように頑張って勉強してください。

このテキストの狙い

このテキストはごく基本的な数学を利用しながら、ミクロ経済学の基本的な考え方を説明していくものです。そこで使う数学は主に以下の2点です。

はじめに

- 2次関数の図解、最大値の求め方
- 1次関数の連立方程式の図解、解（2本の直線の交点）の求め方

　標準的なミクロ経済学ではこれらの数学をどのように使うのでしょうか。例えば、財（世の中で取引される有形の商品）やサービス（無形の便利さ）の購入量を決定しようとしている消費者は、その財を追加的に購入し消費することで得られる満足度と失ってしまう機会費用（それを購入することで購入できなくなる他の財・サービスの価値）を比較し悩んでいる者として考えられます。これをトレードオフの中で最適な選択をしているといいます。ある財・サービスの価格が安くなるということは、少ない機会費用で（すなわち、他の財・サービスの購入を大きく減らすことなく）その財・サービスを購入できるわけですから、消費者にとって何かを購入することのハードルが下がるということを意味します。このようなトレードオフに基づく意思決定行動を表現する最もシンプルな方法として、このテキストでは2次関数までの数式を用いて表現しています。

　また、消費者や生産者（企業）の最適な選択として、財・サービスの価格と需要量や供給量との関係を導くことができます。例えば、消費者は価格が安ければ多くの財・サービスを購入してもよいと考えるという需要法則と呼ばれる関係が、企業は価格が高ければ多くの財・サービスを生産してもよいと考えるという供給法則と呼ばれる関係がそれぞれあります。このような価格と需要量・供給量との関係は需要曲線・供給曲線と呼ばれる1次関数で表現できます。そして、2本の1次関数の連立方程式の解として、需要と供給とが折り合う市場（しじょう）の均衡を導くことができます。ほんの少しだけでも数学を利用して物事を考えることができるようになれば、消費者や企業の意思決定やその相互作用をより豊かに捉えることができるようになります。

　もちろん、数学の勉強からしばらく遠ざかっており、分数や比例関係、1次関数や2次関数、連立方程式などの復習から始める必要がある人もいるはずです。そこで、**このテキストで扱うミクロ経済学の学習に必要不可欠となる数学の復習ができるように、このテキストの最後に「数学の復習」を付録として用意しました**。ただし、紙幅の都合により練習問題を含む詳細版は掲載していま

せん。詳しく勉強したい人は日本評論社のホームページ（http://www.nippyo.co.jp/download/）から詳細版をダウンロードしてください。数学の知識に不安のある人は最初に数学の復習に努めてください。その後、このテキストを読み進めてください。また、各章には学んだ内容の理解度を確認するために例題を用意しました。例題を解きながら読み進めることは内容の理解度を向上させるのに役立ちますので、ぜひ例題にチャレンジしてください。解答例の一部はこのテキストの最後に記載していますが、すべての解答例は日本評論社のホームページ（http://www.nippyo.co.jp/download/）からダウンロードできるようにしています。

このテキストを使用される先生方へ

　私たちは中堅私立大学の経済学部、経営学部、商学部、政策系学部等で開講されている経済学の入門レベルの授業を念頭にしてこのテキストを作成しました。世の中には大学1年生向けのミクロ経済学のテキストが多く出版されています。それらの多くは数学をほとんど用いずにミクロ経済学の考え方を学んでいくものです。経済学を初めて学ぶ人に対しては、数式を多用するのではなく、言葉や図で基本的な考え方を説明していくというのが主流のようです。

　私たちも以前はこれらのテキストのうちのひとつを用いて大学1年生に対してミクロ経済学の入門レベルの授業を行っていました。しかしながら、授業を行う中で大きな壁にぶつかりました。それは、数式をほとんど使わずに説明することが本当に学生のためになるのか？というシンプルな疑問です。ただし、ここでいう数式とは中級以上のレベルで登場する数理モデルに含まれるような高度なものではなく、義務教育で勉強する数学で使用する程度の内容です。

　このテキストで使用する数学の知識のほとんどは中学校までに学ぶ内容です。例えば、「分数ができない大学生」の存在が指摘されて久しいですが、分数の計算は義務教育で学んでいるはずです。しかしながら、私たちの授業の受講生の中にも分数の計算が苦手な学生が実際に存在しました。このような状況では、経済学の基本的な考え方を言葉や図のみで学生に説明するほうが望ましいのではないかと私たちも最初は考えていました。

はじめに

　しかし、言葉や図のみでの理解は学生に別の意味での混乱を生じさせました。例えば、直線で描くある財・サービスの需要曲線を図示させる問題を定期試験で出した時のことです。採点していると、縦軸が何で横軸が何かを示さなかったり、縦軸や横軸の目盛が不揃いであったり、直線ではなくぐねぐねした曲線で示したりと、ユニークな解答が散見されました。後日、何人かの学生に尋ねたところ、図を画像として頭にインプットしたが細かな部分まで思い出せなかったという回答が目立ちました。どうも、言葉のみでの説明では理解が深まらず、とりあえず図の形状を覚えておこうという行動をとったようです。私たちが学生に「数学で学んだ関数を思い出しましょう。需要関数とは価格が決まれば需要量が決まるという関係を関数で表したものです」と数式を用いて説明した上で、逆需要関数を求めて需要曲線を図示するという手順を踏んでいれば、需要曲線の形状を思い出せない学生は結果的に少なかったのではないかと思いました。

　言葉や図は「意味を手軽に扱うこと」が得意であるのに対して、数式は「意味を厳密に扱うこと」が得意だと思います。そうであるならば、言葉や図のみで説明するのではなく、数式も含めて説明するほうが学生の理解度も高まるはずだと私たちは考えました。もちろん、数学＝難しいと感じる学生もいるのは確かでしょう。しかし、少なくとも義務教育までの数学知識を基礎とする抽象的な思考能力は社会人として活躍するにも必要不可欠なものです。大学1年生の段階で基礎的な数学知識を大学の授業で活用し復習することは、彼（女）らの社会人基礎力を維持する、あるいは、向上させるための大切な訓練機会でもあると思います。

　そこで、私たちはミクロ経済学を初めて学ぶ上で最低限必要となる内容に限定してこのテキストを作成しました。そして、これらの内容について、言葉と図だけでなく数式も用いてなるべく説明を省かずに記述することにしました。また、しばらく数学の勉強から遠ざかっており数学の復習から始める必要がある人のために、「数学の復習」を付録として作成しました。受講する学生の数学理解度が十分でないと判断される場合には、数学の復習から授業で扱うという方法もあります。さらに、このテキストに含まれる例題の解答と私たちが授業で使用するこのテキストの内容をまとめたパワーポイントも用意しました。

これらの入手をご希望の先生は日本評論社のホームページ（http://www.nippyo.co.jp/download/）をご確認ください。

このテキストを作成するに当たって

　このテキスト（付録の数学の復習を含めて）は、私たちが明星大学経済学部で2013年から作成した「経済学入門1・2」の授業資料をもとに、内容を大幅に加筆・修正する形で作成しました。

　このテキストを作成するにあたり、「経済学入門1・2」を一緒に担当した明星大学の青木一郎先生、Vu Tuan Khai 先生、小林健太郎先生からいただいたコメント、「経済学入門1・2」の受講生から受けた質問等は大変参考になりました。このテキストの草稿に対しても、京都産業大学の青野幸平先生、明星大学の中田勇人先生、法政大学の濱秋純哉先生、明星大学の盛本圭一先生、明星大学経済学部の前学部長で一橋大学名誉教授の山崎昭先生からは改善すべき点を数多く指摘していただきました。付録の数学の復習の作成にあたっては、明星大学の渡部真弘先生に作成していただいた数学問題集から多くのヒントを頂きました。また、日本評論社の担当編集者である小西ふき子さんと道中真紀さんからも的確なアドバイスをいただきました。ここに記して感謝の念を示します。

2016年3月

梶谷　真也
鈴木　史馬

目 次

はじめに ⅲ
目　次 ⅸ
例題一覧 ⅹⅲ

第1章　資源配分とトレードオフ　1
1　資源の希少性とトレードオフ ……………………………………………… 1
2　効率性と衡平性 ……………………………………………………………… 5

第2章　分業と生産活動　11
1　生産活動と資源の効率的な利用 …………………………………………… 11
　1.1　役割分担と職能　11
　1.2　生産要素の配分とトレードオフ・機会費用　14
2　分業と特化の意義 …………………………………………………………… 19
　2.1　絶対優位と比較優位　19
　2.2　絶対優位と比較優位との違い　23
　2.3　分業と価値の創造・分配　30

第3章　交換による価値の創造　35
1　市場取引と資源配分の効率性 ……………………………………………… 35
　1.1　交換と取引価値の創出　35
　1.2　価格と資源配分の効率性　38
2　自発的な意思決定 …………………………………………………………… 43
　2.1　インセンティブ　43
　2.2　合理的な選択　44
3　経済学の考え方 ……………………………………………………………… 50

第4章　需要曲線と供給曲線　57
1　市場取引の分析 ……………………………………………………………… 57
2　需要曲線 ……………………………………………………………………… 60
　2.1　需要表　60

    2.2　需要関数と需要曲線 62
  3　供給曲線 ··· 65
    3.1　供給表 65
    3.2　供給関数と供給曲線 68
  4　需要曲線・供給曲線と経済行動 ·· 71

第5章　消費者理論　75

  1　消費者の直面するトレードオフ ·· 75
    1.1　予算制約 76
    1.2　効用関数 78
    1.3　無差別曲線 88
    1.4　最適な消費量・貨幣保有量の決定 92
  2　需要関数 ·· 98
    2.1　消費者の効用最大化問題 98
    2.2　需要曲線の導出 103
  3　需要曲線と消費者余剰 ·· 103
  4　経済環境の変化と需要曲線のシフト ·· 109
    4.1　消費者の好みの変化 109
    4.2　代替的な財・サービスの登場 110
    4.3　補完的な財・サービスの登場 111
    4.4　将来不安による貨幣への選好 112

第6章　生産者理論　117

  1　生産者行動 ·· 117
    1.1　生産関数 119
    1.2　費用関数 121
  2　供給関数 ·· 125
    2.1　生産関数と費用関数の関係 125
    2.2　生産者の利潤最大化問題 125
    2.3　供給曲線の導出 130
  3　供給曲線と生産者余剰 ·· 133
  4　経済環境の変化と供給曲線のシフト ·· 137
    4.1　費用の増加 137
    4.2　生産性の向上 138

第7章　市場均衡　141

  1　市場と価格 ·· 141
  2　市場需要曲線と市場供給曲線 ·· 142
    2.1　市場需要曲線 142
    2.2　市場供給曲線 144

	目 次

- 3 市場均衡の導出 …………………………………………………… 147
- 4 社会的余剰 ……………………………………………………… 151
  - 4.1 市場均衡と社会的余剰 151
  - 4.2 市場均衡の効率性 151
- 5 経済環境の変化と市場均衡の変化 …………………………… 155
  - 5.1 比較静学分析 155
  - 5.2 消費者行動の変化 155
  - 5.3 生産者行動の変化 162

●第8章 経営・政策分析への応用 169

- 1 取引費用 ………………………………………………………… 169
- 2 市場構造 ………………………………………………………… 178
- 3 租税 ……………………………………………………………… 193

●付録● 数学の復習 203

- 1 数とは何か ……………………………………………………… 203
- 2 式の基本ルール ………………………………………………… 206
- 3 方程式の基本ルール …………………………………………… 210
- 4 分数と比例関係 ………………………………………………… 211
- 5 関係自体を考える関数 ………………………………………… 214
- 6 単調な関係を表す1次関数 …………………………………… 216
- 7 非単調な関係を表す2次関数 ………………………………… 219

おわりに 223
例題の解答例 227
索 引 233

例題一覧

第1章
- 例題1-1　正誤問題（資源配分、効率性、衡平性の理解の確認）　9
- 例題1-2　論述問題（トレードオフの理解の確認）　10

第2章
- 例題2-1　家具職人の直面するトレードオフ　18
- 例題2-2　家具職人の共同作業　32
- 例題2-3　論述問題（絶対優位と比較優位の理解の確認）　32

第3章
- 例題3-1　大根を誰に売るか？　誰から買うか？　42
- 例題3-2　「買い出し」の予算制約　49
- 例題3-3　論述問題（インセンティブと機会費用の理解の確認）　49

第4章
- 例題4-1　穴埋め問題（市場の競争状態の用語確認）　60
- 例題4-2　需要表と需要曲線　64
- 例題4-3　供給表と供給曲線　70
- 例題4-4　正誤問題（需要法則と供給法則の理解の確認）　72

第5章
- 例題5-1　穴埋め問題（消費者行動の用語確認）　86
- 例題5-2　効用関数の計算（数値例）　87
- 例題5-3　効用関数の計算（数値例からパラメータ）　88
- 例題5-4　無差別曲線と予算制約線の接点の計算　94
- 例題5-5　ハンバーガーの需要量【1】　95

例題5-6	ハンバーガーの需要量【2】 96
例題5-7	価格の変化と需要量の変化 97
例題5-8	効用が飽和しない場合 97
例題5-9	効用の飽和点 101
例題5-10	需要関数の導出【1】 102
例題5-11	需要関数の導出【2】 102
例題5-12	消費者の効用最大化と消費者余剰 108
例題5-13	所得効果がある場合 109
例題5-14	代替財と補完財 113
例題5-15	正誤問題（消費者行動の理解の確認） 114
例題5-16	論述問題（消費者行動の理解の確認） 115

第6章

例題6-1	穴埋め問題（生産者行動の用語確認【1】） 124
例題6-2	生産関数と費用関数 124
例題6-3	企業の利潤最大化行動 129
例題6-4	穴埋め問題（生産者行動の用語確認【2】） 132
例題6-5	企業の利潤最大化と生産者余剰【1】 136
例題6-6	企業の利潤最大化と生産者余剰【2】 136
例題6-7	生産性の上昇と供給曲線のシフト 139
例題6-8	論述問題（生産者行動の理解の確認） 140

第7章

例題7-1	穴埋め問題（市場均衡の用語確認） 142
例題7-2	需要関数の集計 146
例題7-3	供給関数の集計 147
例題7-4	市場需要曲線と市場供給曲線の均衡 150
例題7-5	市場均衡のもとでの社会的余剰の計算 155
例題7-6	古参ファンがにわかファンを嫌う理由 160
例題7-7	技術革新は望ましいか？ 165
例題7-8	自由貿易協定に反対する人がいるのはなぜか？ 167

第8章

例題 8-1 論述問題（取引費用の理解の確認） 172
例題 8-2 固定費用と供給量 180
例題 8-3 企業の新規参入 188
例題 8-4 論述問題（固定費用と企業の参入についての理解の確認） 188
例題 8-5 穴埋め問題（特許と死荷重の関係についての理解の確認） 193
例題 8-6 消費税の益税問題 198

第1章 資源配分とトレードオフ

① 資源の希少性とトレードオフ

　科学におけるさまざまな分野が数学や数学的な考え方を基本に組み立てられています。特に、宇宙や物質の成り立ちを探求する自然科学や、そこで得た知見を具体的に役に立つ形で応用していこうとする工学の分野で数学を多用することは、なんとなく想像できるでしょう。実は、社会科学の分野においても数学的な論理の厳密さを用いて社会現象を分析します。特に、経済学は数学を利用して社会現象を分析します。しかしながら、必ずしも高度な数学の知識が求められるわけではなく、1次の連立方程式と2次関数程度の知識があれば、経済学の基本をかなり理解することができます。

　それでは経済学が簡単な学問かというとそうでもなく、一般的には非常に分かりにくい学問といわれています。経済学の分かりにくさは「文系なのに数学を多用するから」と一般的に思われがちです。しかし、これは違います。経済学の分かりにくさはその手法である数学の分かりにくさに由来するのではなく、

経済学の考え方が日常的な感覚と少し異なる

点に由来するといえます。経済学の分析対象は日常的な買い物であるとか人間関係の大部分が含まれるなど、非常に幅広いものです。日常的な人間行動を対象とするので、ついつい日常言語で人間行動を考えてしまいがちです。しかし、経済学は日常言語ではなく数学を用いて科学的に人間行動を分析します。そのため、日常感覚・日常言語で捉えた社会や人間行動の理解の仕方と、経済学的な人間行動の理解の仕方に少しのずれが生じるのです。経済学的な理解の仕方は慣れてしまえば、さほど難解なものではありません。あくまで対象は人間と人間の集まりである社会なので、一つ一つの原理原則は直観的にも理解できる

ものばかりです。みなさんにとって重要な点は、そういう原理原則を組み立てて筋道立てて物事を考えていくことに慣れるかどうかです。まずは、面白くて役に立つ経済学特有の「モノの考え方」に慣れていきましょう。

● 世の中を資源配分という観点から眺める

　人間が営む社会経済は非常に複雑です。朝起きてから大学や会社へ行くまでの日常生活を少し注意深く観察してみると、我々は日々さまざまな経済取引、経済的意思決定に直面しつつ生活していることが分かります。例えば、朝起きてテレビをつけるとお天気キャスターが1日の天気を教えてくれ、日本の酪農家が作った牛乳を飲み、外国から輸入された小麦粉で作られたパンを食べて、鉄道会社によって提供される公共交通機関を利用して大学や会社までやってくるわけです。途中コンビニエンスストアに寄って漫画を買ったり、お弁当を買うかもしれません。コンビニエンスストアで漫画やお弁当を買う際には、漫画・お弁当の生産者だけでなく、それらをコンビニエンスストアまで運んできたという高度な物流網が存在していることが分かります。これら我々の生活を取り巻くすべてが経済学の分析対象です。

　経済学では、世の中で取引される有形の商品を**財**といい、お天気キャスターや、交通・物流網が提供してくれる無形の便利さを**サービス**といいます。複雑な経済社会において、私たちは財・サービスを受取り利用して生きていくと同時に、我々自身が財・サービスの提供者となっています。人間が営む経済社会では、複雑で多様な相互作用の結果として、このような財・サービスがいかにして生み出されるのか、生み出された財・サービスを誰がどれだけ利用するのかが決まっています。

　ところで、財・サービスは無限に存在するのではなく、限りある量しか存在していません。例えば、みなさんがアルバイトをするとき、みなさんは労働というサービスを提供しています。しかし、みなさんができるアルバイト時間には限りがあります。大学で勉強している時間や、睡眠をとったりその他生きていくのに必要な用事をしている最中はアルバイトできません。そもそも人間には1日24時間しか与えられていませんから、どれだけ頑張っても物理的な制約が存在します。また、世の中の女性には金やプラチナなど貴金属でできた装飾

品を好む人がいます。貴金属ということから分かるように、貴金属は世の中に存在する量が限られているから「貴い」金属と呼ばれます。朝のニュースに出てくるお天気キャスターは、気象についての知識があり滑舌がよく、多くの視聴者が朝のさわやかさにふさわしいと思うような雰囲気を持っていて、さらには早朝の出番を毎日続けてもよいという精神力が求められます。よって、お天気キャスターは誰にでもできる仕事ではありません。

このように、アルバイト・装飾品・テレビ番組での天気予報という財・サービスは、それらを提供する学生・貴金属・気象の知識とさわやかさと精神力をもった人の数がそれぞれ無限ではないという意味において、限りがあるということが分かります。経済学では、財・サービスやそれらを生み出すために利用できるもののことを**資源**ということにしています。人間が営む経済社会では複雑で多様な相互作用の結果として、限りある資源がさまざまな財・サービスの生産に利用され、それがさまざまな人々に利用されているということになります。限りある資源を誰がどう利用するのか、その利用のありようを**資源配分**といいます。

● トレードオフと機会費用

利用可能な資源に限りがある場合（これを**資源に希少性がある**といいます）、資源を何かの目的に利用してしまうと他の目的には利用できなくなります。例えば、みなさんが限りある時間を使ってアルバイトをすると、その時間に勉強や睡眠など他のことをすることはできません。また、貴金属には希少性があるので、貴金属を装飾用に利用してしまうと工業製品の生産のために利用できる量が減ってしまいます。このように「何かを行うと他のことができなくなる」ということを**トレードオフ**といいます。

資源が希少でない場合、トレードオフは生じません。利用可能なものは何でも資源だという説明をしましたが、利用可能だけれどあまり希少でないものの代表例として空気があります。空気はなくてはならない天然資源ですが、我々が日本で普通に生活していく上で空気は非常に豊富に存在しています。そのため、通常、空気の利用に関して社会的問題になることはあまりありません。

しかし、中国のように大気汚染が深刻な社会では空気の意味が変わってきま

す。通常、大気汚染は有害なガスを大気中に排出することにより発生します。これは、誰かが（おそらく工場を操業する企業や石炭などで暖を取る家庭が）大気中に有害なガスを排出するという形で空気を利用することにより、他の誰かが安全な空気を利用できなくなったと捉えることができます。すなわち、大気汚染は「空気という希少な資源を誰がどのように利用するのか」という問題と密接な関係があります。

1970年代頃までは、日本でも大気汚染が非常に深刻な社会問題となっていました。これを受けて、政府による規制が行われた結果、現在の状況にまで改善したという経緯があります。当然、規制が行われれば、工場は有害なガスを垂れ流すわけにはいきません。有害ガスを清浄化するためにはさまざまな装置の開発・設置といったコストがかかり、工場の生産活動は制限されます。安心な空気を住民が利用できるようになるためには、工場の生産活動が制限されるという意味でトレードオフがあるわけです。このように一見すると限りなく存在している空気のような資源でも、トレードオフという点に注目すると経済学の分析対象となります。

トレードオフはもっと身近なところにもあります。例えば1本のロールケーキを兄弟で切り分けて食べる状況を考えてみましょう。当然ロールケーキは1本しかないのですから、どちらかの取り分を大きくするともう一方の取り分は少なくなります。これはロールケーキの希少性に由来するトレードオフです。買物に行っていろいろ買いたいけれど財布の中に5000円しかないので全部を買うことはできないという状況も、財布の中身の希少性に由来するトレードオフです。

トレードオフの考え方は、経済学における費用という概念と密接な関係があります。トレードオフの考え方に注目すると、**費用**とは生産や取引などの経済活動に伴って諦めなければならない資源の量をいいます。例えば、工場が有害なガスを大気中に排出すると周辺住民はきれいな空気を利用できなくなります。よって、工場による有害ガスの排出の費用とは周辺住民がきれいな空気を利用できないことだと解釈できます。兄弟間のロールケーキの配分では兄が1cm多めにケーキを食べると、弟は1cm分ケーキを食べられなくなります。これは、兄がケーキを食べることの費用は弟がケーキを食べられなくなることであ

ると解釈できます。あるモノを取得するのに1000円支払わなければならない場合、その1000円を費用とみなします。これは、そのモノを獲得することにより他のモノを1000円分獲得できなくなるからです。

このようにトレードオフを前提とすると、何かの費用とは「それを行わなければ得られたであろうものの価値」と解釈することができます。このように捉えた費用を**機会費用**といいます。この機会費用という考え方は経済学を理解する上で非常に重要になります。

2 効率性と衡平性

「希少な資源をいかに配分するか」すなわち「トレードオフの関係の中でいかに資源を活用するか」は、人間が営む社会経済にとって非常に重要な問題だということが分かるでしょう。資源が有効に活用されていれば、その社会経済は望ましい状態だと考えられるでしょうし、資源が有効活用されていないならば、その社会経済は望ましくない状態にあるといえるでしょう。それでは、資源配分の望ましさとはどのように考えればよいでしょうか。資源配分の望ましさとして経済学では**効率性**という考え方を重視します。効率性以外に**衡平性**という基準も重視されます。

効率性の考え方

効率性とは「無駄なく利用されている程度」をいいます。私たちの日常生活の中で観察される非効率性の例としては、次のようなものが考えられるでしょう。兄弟がいる人は兄弟喧嘩をした経験があると思います。幼い頃に親が切り分けた果物やケーキの大きさの違いで兄弟喧嘩が始まったという人もいるのではないでしょうか。ここで、親が1本のロールケーキを買ってきて、これを兄弟2人が食べるという状況を思い浮かべてください。兄弟間でのケーキの分け方を経済学的な観点、すなわち資源配分の効率性という観点から考えてみましょう。ロールケーキの配分が最も効率的である状況とは、ロールケーキが残されていないという状況を指します。ここでは、兄弟それぞれに与えられたロー

第 1 章 ● 資源配分とトレードオフ

ルケーキの大きさではなく、ロールケーキを残していないかどうかが重要となります。

兄弟2人ともロールケーキが大好きであるならば、親が買ってきたロールケーキは兄弟2人が残さず食べるので、ロールケーキが余るということはないでしょう。よって、この場合は親が兄弟2人にどのような分け方をしたとしても、ロールケーキは効率的に配分されるということになります。一方、兄があまりロールケーキを好きではないのに対して弟がロールケーキが大好きだったとします。この場合に親がロールケーキを半分ずつに切り分けて兄弟に与えると、兄が食べ残してしまうことになるでしょう。すなわち、この場合はロールケーキの配分は効率的とはいえなくなります。

また、効率性は次のような観点からも注目されます。例えば、親が共稼ぎで家事をする時間があまり確保できない状況を考えましょう。親はなるべく家事を兄弟2人に手伝ってもらいたいと考えています。効率性とは「無駄なく利用されている程度」をいいますので、兄弟2人を家事を手伝ってくれる**人的資源（労働力）**と見なせば、「兄弟が頑張って手伝ってくれるほど人的資源はより効率的に利用される」という解釈が成り立ちます。

● 衡平性の考え方

経済学における効率性とは異なるもう一つの価値尺度が**衡平性**です。衡平性とは「他人との比較で自らの待遇に不満を感じないように資源が配分・利用されている程度」をいいます。衡平性の議論を兄弟2人にロールケーキが与えられるという状況に当てはめましょう。兄も弟もロールケーキが大好きだったならば、ロールケーキを半分ずつ、すなわち均等に切り分けることが衡平な資源配分となります。切り分けられたロールケーキの量は兄弟とも同じなので、兄は弟のロールケーキを見て羨ましいとは思いませんし、弟も兄のロールケーキを見て羨ましいとは思いません。

もし、兄があまりロールケーキに関心がないのに対して弟はロールケーキが大好きならば、兄が均等配分された自分のロールケーキの一部を弟にあげればよいでしょう。兄が自分のロールケーキの一部を弟にあげても、兄弟それぞれがお互いのロールケーキを見て羨ましいと思わないという状態は変わりません。

このように、「兄弟が互いのロールケーキの取り分に対して不満を抱いていない」という意味において衡平性が保たれているわけです。

効率性と衡平性のトレードオフ

　資源配分の望ましさを考える上では、効率性と衡平性というふたつの観点があります。これらを同時に満たす効率的でかつ衡平な資源配分こそが真に望ましい資源配分ということになるのかもしれません。しかしながら、時として効率性と衡平性はトレードオフの関係になります。

　次のような例を考えてみましょう。ロールケーキが大好きな兄弟に対して、親が家事の手伝いの成果に応じて1本のロールケーキの配分に差をつけることにします。この場合、親にとって兄弟間でロールケーキの配分に差をつけることは、兄弟からやる気を引き出す（人的資源の活用）という観点から効率的といえます。なぜならば、ケーキの差を大きくするほど、兄弟が競って家事を手伝おうとするからです。もちろん、ロールケーキを余らせないという意味でも効率的な配分になっています。

　しかし、ロールケーキの分け方に著しい差をつけた場合はどうでしょう。例えば、より頑張ったほうにロールケーキ丸ごと1本が与えられるとなれば、兄弟それぞれ張り切って家事の手伝いをするでしょう。ただし、この分け方では最終的にロールケーキを口にすることができるのは兄弟のうちどちらか一方です。残念ながら弟の成果がわずかながらも兄の成果を下回ったとすると、手伝いをしたにも関わらず弟はロールケーキを一口も食べることができません。弟はロールケーキが1本丸ごと兄に配分されるのを見て兄をとても羨ましく思うでしょう。この状況は「兄は弟の取り分（ゼロ）に対して不満を抱いていないが、弟は兄の取り分（丸ごと1本）に対して不満を抱いている」という意味において衡平性が保たれていません。この例では、人的資源の活用の効率性を追求すると配分の衡平性が犠牲になるという状況が発生しているわけです。

　このような効率性と衡平性のトレードオフという関係については、より現実的な例としてプロスポーツの報酬体系が挙げられます。プロスポーツ選手の年俸はごく一部のスター選手が数億円も稼ぐ一方で、一線で活躍できない選手は約1000万円前後の年俸でプロ契約を結んでいます。選手生命の短さを考えると

1000万円という金額は決して高い額ではありません。しかし、よい成績を出した選手だけが巨額の年俸を手にできるからこそ、よりよい成績を出そうと選手は必死の努力をするのかもしれません。つまり、選手の人的資源をより効率的に活用するために、一部の選手のみに高額の年俸を支払うという報酬体系が導入されていると解釈できます。ここで、もしよい成績を出してもそこそこの年俸しかもらえない、すなわち、配分の衡平性を重視する報酬体系に変更されたら、選手はこれまでと同様に必死に努力をするでしょうか。効率性と衡平性の間のトレードオフは、営業職で給料を営業成績に連動させるべきかそうでないかという点とも関連する非常に一般的に重要な問題です。

● 実証的分析と規範的分析

近年 TPP（環太平洋パートナーシップ）協定に参加して貿易自由化を進めるべきか否かで議論が起きました。世間では、TPP に「参加すべきかどうか」という問題に対して注目が集まりました。しかし、このような問題を議論するには、まず貿易自由化によって「誰にどのような利害が発生するのか」「その利害は事後的に調整することができるのか」という問題を明らかにすることが求められます。

「誰にどのような利害が発生するのか」「その利害は事後的に調整することができるのか」のように、現実の事象が起こるメカニズムを解明することを**実証的分析**といいます。例えば、TPP に参加し、海外から日本に輸入される農産物に対して課される関税が撤廃されたとします。日本の消費者にとっては安価な農産物を購入することができるようになるため、TPP への参加は望ましいでしょう。一方で、日本の農家にとっては国内で生産した農産物が売れなくなるかもしれず、TPP への参加は望ましくないでしょう。このように TPP への参加により誰にどのような利害が発生するのかを明らかにすることが実証的分析です。

「TPP に参加するべきか」というように、現実の事象が望ましいかどうかを考えることを**規範的分析**といいます。例えば、消費者が得る利益が農家の被る不利益を上回るのならば、TPP への参加は効率性の観点から望ましいものといえるかもしれません。しかし、それによって不利益を被り、不満を感じる人

がいるのならば、TPPへの参加は衡平性の観点からは望ましくないかもしれません。衡平性を重視するのであれば、TPPへの参加により生じる不利益を補償するような社会的な措置が必要になるでしょう。このように、TPPに参加すべきかどうか、参加するとして誰にどのような点に配慮するべきかを考えることが規範的分析です。

私たちは、社会を構成する市民として、選挙などで自分の意志を表明することが求められます。その際、社会的な対立を引き起こすような意見について正確に理解していなければなりません。実証的分析の方法を習得することは、規範的な問題に対して建設的な議論を進めるということに大いに役立ちます。経済学はよき市民として生きていくのに必要な知恵を与えてくれる学問であるといえます。それでは、次の章からいよいよ本格的に経済学の内容について説明していきます。

例題1-1
正誤問題（資源配分、効率性、衡平性の理解の確認）

以下の文を読み、正しいか誤りかを答えなさい。また、誤りであればどこが誤りかを説明しなさい。

1. 経済学における資源とは森林や石油などの天然資源や食料や機械製品など物質的なモノを指す。世界に有限な量しか存在しない資源をいかに活用するかを資源配分という。

2. 経済学における効率性とは資源が「無駄なく利用されている程度」をいう。例えば、1本のロールケーキをケーキ好きの兄弟が切り分けて食べるとする。この時、兄が自分の分を大きめに切り分けて小さいほうを弟に与えたとする。このような資源（ロールケーキ）の配分は効率的ではない。

3. 経済学における実証的分析とは「ある経済の資源配分の状態がどのようになっているのか」を考えることである。例えば、兄弟がロールケーキをどのように切り分けるのが良いのかを相談する行為に相当する。

4. 経済学における規範的分析とは「ある経済の資源配分の状態がどうあるべきか」を考えることである。例えば、兄弟が切り分けられたロールケーキの大

第1章 ● 資源配分とトレードオフ

小を比較するような行為に相当する。

例題1-2
論述問題（トレードオフの理解の確認）

トレードオフとは「あちらを立てればこちらが立たずの関係」をいう。ロールケーキを切り分けて食べる状況で発生するトレードオフについて、簡単に説明しなさい。

第2章　分業と生産活動

1　生産活動と資源の効率的な利用

1.1　役割分担と職能

　資源の中には土地や石油、森林、水、鉱物のように自然界に存在している天然資源や人間の活動によって生み出される（非）物的資源[1]、資源を作り出す人間自身を資源とみなす人的資源などがあります。人間の経済活動とは、天然資源や人的資源、物的資源を利用し新たな（非）物的資源を生み出す**生産**の側面と、販売することで生産された（非）物的資源を人々に行き渡らせる**流通**の側面、そして（非）物的資源の生産によって生み出された付加価値を人々に分け与える**分配**の側面があります。このうち、生産は（非）物的資源を生み出すためには必要不可欠であり、経済活動の基本です。同時に、せっかく生産された資源も適切に取引されなければ社会は成り立ちません。生産と取引の両面が社会において重要だということになります。そこで、まずは生産に関する資源配分の問題を考えていきましょう。

　我々が暮らしている世の中を見渡すと、生産活動の多くは社会的に、すなわち、集団によって行われていることが分かります。例えば、朝起きてテレビをつけるとお天気キャスターが一日の天気を教えてくれるわけですが、キャスター１人でテレビ番組を制作しているわけではありません。カメラマンや指示を出すディレクターなど、さまざまなスタッフによりテレビ番組は制作されます。また、朝牛乳を飲んだりパンを食べたりするでしょうが、牛乳もパンもすべて

[1]　ここでの非物的資源とは人間の活動によって提供されるサービスのことを意味します。

第2章 ● 分業と生産活動

1人の人間が生産から販売まで行っているわけではありません。社会において生産活動は1人の人間が個人として行うものではなく、必ず複数の人間が集団的に行っています。集団・組織の内部では、人々が同じ活動を行っているかというとそうではありません。集団・組織の中で人々には固有の役割が与えられています。

生産活動に当たって、集団・組織の中における役割分担はいかにして決まるのでしょうか。これは生産活動に用いる資源の配分を考えることに他なりません。いくつか具体的な例を挙げてみてみましょう。

● チームや組織における役割分担

多くのお笑い芸人は1人（ピン芸人として）ではなく、2人（コンビ）で活動しています。漫才やコントなどでは、片方の芸人がそれまで話題になっていることや演じている状況の前後関係から考えて適切ではないことを言って、もう一方の芸人がその点について素早く指摘することで笑いを生み出しています。この時、適切でないことを言う役割を「ボケ」といい、それを指摘する役割を「突っ込み」といいます。このような役割分担を経済学では**分業**といいます。両方がボケて両方が突っ込むというスタイルのお笑い芸人もいないことはありませんが、非常に少数です。これは、役割分担の結果、特に自分が得意とする役割に専念していることを意味します。これを経済学では**特化**といいます。経済学的には2人の芸人がボケと突っ込みに分業・特化しつつ聴衆を笑わせるというサービスを生産していると解釈できるわけです。

ところで、このボケと突っ込みですが、どのような理由で役割分担が決まるのでしょうか。ある段階までボケを担当していた芸人が突っ込みに、突っ込みを担当していた芸人がボケに役割をチェンジしたことで人気が出たというエピソードを聞いたことがあるかと思います。また、バラエティ番組では、本来のコンビでは突っ込みを担当している芸人が、司会をする芸人から突っ込まれることで、ボケ的な役割を果たすという状況も多く見受けられます。お笑いというサービスにおいて、誰かがボケる、それを他の誰かが突っ込むというパターンが重要なことは間違いないようですが、誰がどの役割を担当するかについてはさほど明らかなことではなく、状況に応じて変わっていくようです。

みなさんが毎週読んでいる週刊連載などの漫画作品は、漫画家がストーリーを考え作画することで、漫画という生産物が生み出されています。ただし、漫画の生産は漫画家1人がすべての作業を行っているわけではありません。漫画家がストーリーを考えて主要登場人物の作画をした後に、アシスタントと呼ばれる人たちが背景やあまり重要でない部分の作画を担当しています。作画をする人とストーリーを考える人が別の人というケースもあります[2]。また、漫画のストーリーにアドバイスをしたり、内容のチェックをしたりする編集者という役割の人もいます。このように多くの人がさまざまな役割をこなし、漫画という作品を生み出しています。

　研究の世界でもチームを作って役割分担で作業を進めていくことが多々あります。例えば経済学の研究は理論分析をする人（分析対象を整理して「お話」を作る人）と、実証分析をする人（分析対象に関するデータから「お話」が正しいかどうか検証する人）に分かれていたりします。また、2008年にノーベル物理学賞を受賞した益川敏英教授と小林誠教授は2人で議論した結果を、益川教授が数学で理論化し、小林教授がその理論を既存データと整合的かどうかを判断するという形で研究を進めていたそうです[3]。

社会的分業と配分のメカニズム

　組織やチーム、または家庭といった少数の人間からなる集団では、集団の構成員がそれぞれ役割を担い、その集団を集団として機能させていることが分かります。しかし、分業や専門化、特化は組織内だけでなく、社会全般にわたっても観察されます。人が生きていく上では、食料を生産する、衣類の洗濯や掃除をする、子どもに教育をする、などいろいろな仕事をしなければなりません。前近代の社会では、このような活動をすべて1つの家族や村落など少数のコミュニティ内でまかなっていたかもしれません（これを**自給自足**といいます）。しかし、現代社会ではそのような活動の一つ一つをすべて1人の人や家族がこ

　　2　例えば、『北斗の拳』の原哲夫と武論尊のコンビは有名ですし、『ゴルゴ13』は複数の脚本家がストーリーを担当しています。最近では、大場つぐみと小畑健の『バクマン。』が漫画制作にとっての共同作業の意義を詳しく描いています。
　　3　出典：山中伸弥・益川敏英『「大発見」の思考法』（2011年、文春新書）

第 2 章 ● 分業と生産活動

なしているわけではありません。農家は農産物の生産に専念し、製造業に勤めている人は社会に必要とされるさまざまな物質的な財の生産に専念しています。教師は就業前の学生の教育に専念しています。こうして自分の専門とする職能に特化し、人間の生活に必要な物事のすべてを社会全体で作り出します。そして、そうやって作り出された財・サービスを社会の構成員に提供しています。また世界全体を見渡しても日本のように自動車産業の活発な国や、アメリカのように金融業や農業が盛んな国が存在するなど、国ごとに異なったものを生産し、貿易という形で世界中に提供しています。

それではなぜ社会的な分業（役割分担）が生じるのでしょうか？その意義を掘り下げて考えていきましょう。そこでは、**生産に用いることのできる資源をいかに配分するのか？**という点が重要になります。

1.2 生産要素の配分とトレードオフ・機会費用

生産性と追加的費用

経済全体における複雑な分業体制をそのまま理解しようとするのは大変です。そこで、1人の人間が自分の作業時間を2つの仕事にどのように割り振るかで、どのような仕事ができるかという問題から考えてみましょう。生産に用いることのできる資源を経済学では**生産要素**といいます。ここで話を簡単にするために**生産要素は作業時間（単位は日数）のみ**としておきます。こうすることで、生産者としての1人の人間が直面している生産要素の配分に関するトレードオフを明示的に考えることができます。

具体例として、週刊連載を持っている漫画家が1週間にどのように仕事をこなすかを考えていきます。漫画家の仕事はストーリーを考える作業と実際に作画する作業の2種類があるとします。ストーリーと作画の両方がそろって初めて漫画という生産物が完成するものとします。

ここで、ある漫画家Aという人物の漫画の執筆活動をのぞいてみましょう。漫画家Aは大御所漫画家のアシスタントを2年勤め独立したばかりです。彼は1話分のストーリーを考えるのに2日、1話分の作画をするのに3日かかります（表2.1）。

1 ● 生産活動と資源の効率的な利用

表2.1 漫画家Aの作業条件

	漫画家A
作業可能日数	6日
1話分のストーリーを考えるのに必要な日数	2日
1話分の作画をするのに必要な日数	3日

　1週間のうち6日間だけ作業するとします。ここで、2日とか3日とか1単位（1話分）の作業をこなすのに必要な日数を**追加的費用**と表現することにします。「追加的」とは1単位（1話分）増やすという意味です。1話分のストーリーを考えるのに2日必要ということは、1日で考えられるストーリーは $\frac{1}{2}$ 話分ということになります。1話分の作画に必要な日数が3日ということは、1日で作画できる量は $\frac{1}{3}$ 話分ということになります。一方、**1日働いて生産できる生産量を生産性**と表現しましょう。追加的費用と生産性は以下のような比例関係があります。

$$生産量：作業日数　=　1：追加的費用$$
$$=　生産性：1$$

　この比例関係をストーリーを考える作業と作画をする作業についてそれぞれ当てはめると、ストーリーについては

$$ストーリー1話：作業日数2日　=　ストーリー\frac{1}{2}話：作業日数1日$$

作画については、

$$作画1話：作業日数3日　=　作画\frac{1}{3}話：作業日数1日$$

という関係になります。

●1週間当たりの生産可能量

　漫画家Aの1週間当たりの漫画の生産可能量について考えてみましょう。x_A を漫画家Aが考えるストーリーの量（単位は話数）とします。x の右下にある文字（ここではA）は添え字といいます。添え字がないと x が誰の考え

15

第 2 章 ● 分業と生産活動

るストーリー量なのかが分かりません。そこで、「漫画家 A が考える」ということを表すために、A を添え字に使用しています。1 話考えるのに 2 日必要ですから、x_A 話考えるのに必要な日数は $2x_A$ 日です。一方、y_A を漫画家 A が作画する量（単位は話数）とします。1 話分の作画に 3 日必要ですから、y_A 話作画するのに必要な日数は $3y_A$ 日となります。1 週間で作業できるのは 6 日ですから、1 週間のうち x_A 話分のストーリーを考えるのに費やす $2x_A$ 日と y_A 話の作画をするのに費やす $3y_A$ 日の合計は 6 日以内でなければなりません。これを数式で表現すると以下のように書けます[4]。

$$6 = 2x_A + 3y_A \tag{2.1}$$

(2.1)式を書きかえると次のようになります。

$$y_A = 2 - \frac{2}{3}x_A \tag{2.2}$$

(2.2)式より、x_A（ストーリーの量）を増やすと y_A（作画の量）が減ってしまうということが分かるでしょう。具体的には、もし $x_A = 0$、すなわち、1 週間のうちまったくストーリーを考えず作画だけをしていたら、2 話分の作画を行うことができます。一方で、ストーリーを考える量を増やしていくとその分作画する時間が減るため、作画量が減少していきます。(2.2)式は、漫画家 A が自分の希少な生産要素（ここでは作業時間）をストーリーに配分するか作画に配分するかという選択に伴うトレードオフの関係を表しています。(2.2)式は漫画家 A の**生産可能性フロンティア**と呼ばれる関係です。図 2.1 の下側の線はこの生産可能性フロンティアを図示しています。

ここで、x_A の係数 $\frac{2}{3}$ の意味を考えてみましょう。x_A（ストーリー）を 1 話考えるのにかかる日数は 2 日です。一方、y_A（作画）を 1 話分行うのに 3 日必要なので、1 日で行える y_A（作画）は $\frac{1}{3}$ 話分です。もし、ストーリーを 1 話分考えるのに必要な 2 日間を作画に費やしていたら、$2 \times \frac{1}{3}$ 話分の作画ができていたことになります。すなわち、x_A の係数 $\frac{2}{3}$ とは、ストーリーを 1 話分考

---

[4] (2.1)式は本来は ≧ 記号を使い不等式にしなければいけませんが、ここでは等式とします。1 週間無駄なく毎日作業している状況を想定しています。

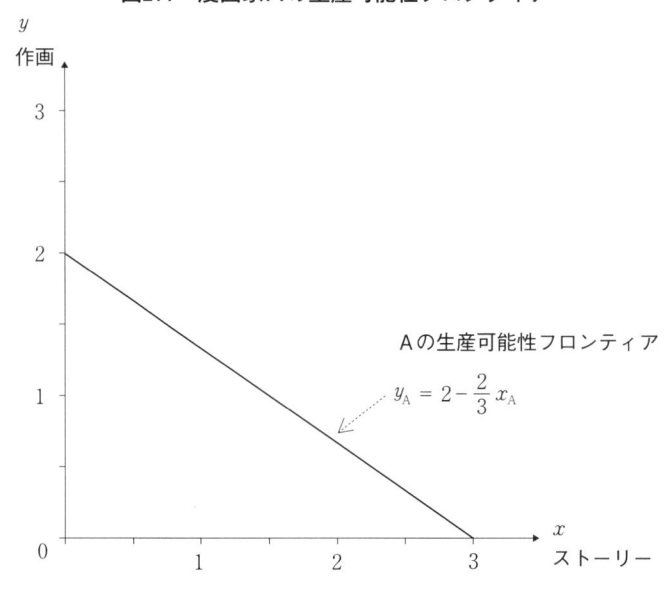

1 ● 生産活動と資源の効率的な利用

図2.1 漫画家Aの生産可能性フロンティア

Aの生産可能性フロンティア
$y_A = 2 - \frac{2}{3} x_A$

(縦軸: y 作画、横軸: x ストーリー)

えることで行うことができない作画の量、つまり、**作画の量で測ったストーリー1話を考えることの機会費用**ということになります。逆に

$$x_A = 3 - \frac{3}{2} y_A \tag{2.3}$$

と表現したとします。y_A の係数 $\frac{3}{2}$ は、**ストーリーの量で測った作画1話分の機会費用**ということになります。

漫画家Aは2日間でストーリーを考え、3日間で作画を行い、1話分を完成させることができます。1日分余ってしまいますが、この1日は翌週のために前もって作画を行うか、ストーリーを考えることに費やすことになります。しかし、**漫画家Aは1週間で1話しか完成させることができない**ので、1人でできる週刊連載の本数はせいぜい1本ということになります。

第 2 章 ● 分業と生産活動

例題 2 − 1
家具職人の直面するトレードオフ

　ある村に2人の家具職人AとBがおり、机とイスを製造している。そして机1台とイス1脚を1セットの学習机として提供している。家具職人Aも家具職人Bもそれぞれ1ヶ月に200時間働くことができる。

$$\text{家具職人A} \begin{cases} \text{机を1台製造するのに15時間必要} \\ \text{イスを1脚製造するのに10時間必要} \end{cases}$$

$$\text{家具職人B} \begin{cases} \text{机を1台製造するのに20時間必要} \\ \text{イスを1脚製造するのに30時間必要} \end{cases}$$

このとき、以下の問いに答えなさい。
1．家具職人Aが机を1台製造することの（イスの数で測った）機会費用はどれだけか。
2．家具職人Aがイスを1脚製造することの（机の数で測った）機会費用はどれだけか。
3．家具職人Aの1ヶ月の生産可能性フロンティアの式を導出して図示しなさい。
4．家具職人Aは1ヶ月に最大何セットの学習机を提供できるか。
5．家具職人Bが机を1台製造することの（イスの数で測った）機会費用はどれだけか。
6．家具職人Bがイスを1脚製造することの（机の数で測った）機会費用はどれだけか。
7．家具職人Bの1ヶ月の生産可能性フロンティアの式を導出して上の図示しなさい。
8．家具職人Bは1ヶ月に最大何セットの学習机を提供できるか。

2 分業と特化の意義

2.1 絶対優位と比較優位

漫画家Bの登場

さて、1人の漫画家の直面している時間配分に関する機会費用とトレードオフが明確になったところで、もう1人の人物、漫画家Bを登場させましょう。漫画家Bは美術大学を卒業したばかりの若手漫画家で、作画は得意なもののストーリー作りには慣れないところがあるとします。漫画家Bは1話分のストーリーを考えるのに4日かかりますが、1話分を作画するのには2日で済みます。漫画家Aと同様、漫画家Bも週6日のみ働くものとします（表2.2）。

表2.2 漫画家Bの作業条件

	漫画家B
作業可能日数	6日
1話分のストーリーを考えるのに必要な時間	4日
1話分の作画をするのに必要な時間	2日

漫画家Bのストーリーの追加的費用（1話分のストーリーを考えるのに必要な日数）は4日なので、生産性（1日で考えられるストーリーの量）は $\frac{1}{4}$ 話です。一方、作画の追加的費用（1話分の作画に必要な日数）は2日なので、生産性（1日でできる作画の量）は $\frac{1}{2}$ 話です。x_B を漫画家Bが考えるストーリーの量とすると、x_B 話のストーリーを考えるのに必要な日数は $4x_B$ 日となります。y_B を漫画家Bの作画の量とすると、y_B 話の作画に必要な日数は $2y_B$ 日となります。1週間で作業できるのは6日間なので、以下の関係が成立します。

$$6 = 4x_B + 2y_B$$

この式を書きかえると、次のような漫画家Bの生産可能性フロンティアを導

第2章　分業と生産活動

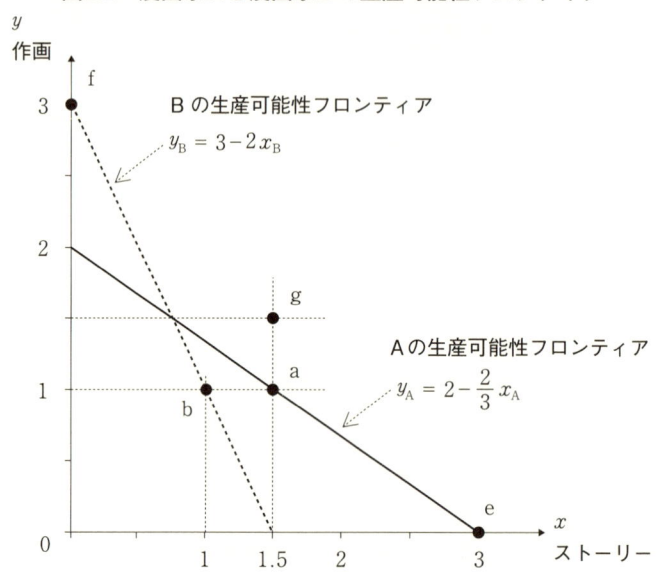

図2.2　漫画家Aと漫画家Bの生産可能性フロンティア

くことができます。

$$y_B = 3 - 2x_B \qquad (2.4)$$

この関係は図2.2の点線として図示されています。漫画家Bは1週間のうち4日使ってストーリーを考え、残りの2日で作画を行います。1週間で1話分の漫画を描くのが精いっぱいだということが分かります。

絶対優位と比較優位

　ここから分業と特化の意義を考えていきましょう。漫画家AとBは同一の編集者Eが担当しているとしましょう。編集者Eは大学で経済学を学び、自分の好きな漫画ビジネスに関わりたいと思い、出版社に入社した編集者です。編集者Eから見て漫画家Aは大御所でのアシスタント経験があり基本がしっかりしているため、バランス良く漫画を制作できます。特に、ストーリーの組み立てを手早く行えます。しかしながら、1人で仕事をしているため週1本以上の連載はできません。1週間で1話分の作画をし、1.5話分のストーリーを考案す

るのが精いっぱいです（図2.2の点 a）。一方で、漫画家Bは絵を描くことが好きで漫画家になったのですが、ストーリーを考えるのが苦手で作画するのに充てる時間が少なくなり困っています。週4日で1話分のストーリーを考え、残りの2日で1話分の作画を行い、週1本連載することで精いっぱいのようです（図2.2の点 b）。

そこで、編集者Eは漫画家AとBを組ませることを思いつきました。漫画家Aにストーリーを担当させ、漫画家Bに作画を担当させるのです。漫画家Aは1話のストーリーを考えるのに2日しかかかりません。6日間ストーリーを考えることに専念すれば、週3話のストーリーを考えることができます（図2.2の点 e の状況）。一方で、漫画家Bは1話分の作画を2日で完成させることができます。6日間作画に集中すれば、週3話分を作画することができます（図2.2の点 f の状況）。漫画家Aがストーリー作りを担当して、漫画家Bが作画を担当すれば、2人で3話分の漫画を完成させることができます。2人で1週間に3話分の漫画を完成させるということは、1人当たりでは1週間で1.5話の漫画を完成させることになります（週刊連載1話と隔週連載1話を持っている状態）。1人当たり1.5話ということは図2.2の点 g の部分を達成できるということです。この点は、1人だけで漫画を完成させていた場合には決して到達できない点です。

この提案を漫画家AとBにしたところ、両者とも乗り気のようでした。そこで、この分業の望ましさを掘り下げて考えてみましょう。追加的費用には、以下の関係があります。ストーリーを考えることについては、漫画家Aが2日でできるのに対して漫画家Bは4日かかり、漫画家Aのほうが少ない追加的費用でストーリーを考えられることが分かります。これを**ストーリーについては漫画家Aが漫画家Bに対して絶対優位がある**といいます。一方、作画については、漫画家Aが3日かかるのに対して、漫画家Bは2日かかります。漫画家Bのほ

表2.3　漫画家AとBの追加的費用

	漫画家A	漫画家B
ストーリー1話	2日	4日
作画1話	3日	2日

第2章 分業と生産活動

うが少ない追加的費用で作画できることが分かります。これを**作画については漫画家Bが漫画家Aに対して絶対優位がある**といいます（表2.3）。

一方、トレードオフで重要になる機会費用を比較してみましょう。機会費用では以下の表2.4のような関係があります。

表2.4　漫画家AとBの機会費用

	漫画家A	漫画家B
ストーリー1話	作画 $\frac{2}{3}$ 話	作画2話
作画1話	ストーリー $\frac{3}{2}$ 話	ストーリー $\frac{1}{2}$ 話

機会費用は「一方を生産することでもう一方がどれだけ生産できなくなるか」という評価にあたるものでした。漫画家Aがストーリーを1話分考えるために行えなくなる作画の量は $\frac{2}{3}$ 話分で、漫画家Bがストーリーを1話分考えるために行えなくなる作画の量は2話分でした。**より少ない作画の犠牲のもとでストーリーを考えられる漫画家Aは漫画家Bに対して比較優位がある**といいます。漫画家Aが作画を1話分行うために考えられなくなるストーリーの量は $\frac{3}{2}$ 話分で、漫画家Bが作画を1話分行うために考えられなくなるストーリーの量は $\frac{1}{2}$ 話分でした。**より少ないストーリーの犠牲のもとで作画できる漫画家Bは漫画家Aに対して比較優位がある**といいます。

絶対優位と比較優位

- より少ない追加的費用で生産することができる側に絶対優位がある。
- より少ない機会費用で生産することができる側に比較優位がある。

● 比較優位と特化

2人の生産物の合計を最大化しようとする場合、絶対優位ではなく比較優位のある分野に生産要素（資源）を集中することが望ましいことが知られています。限られた生産要素でより多くのモノを生み出そうとする場合、より少ない

費用で生産できる部門に生産要素を集中したほうがよいのは明らかでしょう。この場合、生産要素が少なくて済むことそれ自体はさほど重要ではありません。重要なのは、**その生産を行うことで他の生産物の生産量をどれだけ減らさなければならないかという機会費用**です。2人が無駄なく生産要素を使うためには、それぞれがなるべく他の生産物を減らさなくて済むモノに集中的に資源を投じたほうが全体として多くのモノを生み出すことができるのです。すなわち、比較優位に基づいて分業することが資源配分の効率性の観点から望ましいということになります。

とはいえ、漫画家Aと漫画家Bでは漫画家Aがストーリー制作に絶対優位と比較優位の両方を持っており、漫画家Bが作画に絶対優位と比較優位の両方を持っています。この例では、コンビを結成して役割分担することが望ましいのは一見して明らかで、比較優位と絶対優位の違いがはっきり分かりません。そこで、次の状況を見ていきましょう。

2.2 絶対優位と比較優位との違い

漫画家AとBのコンビ解消

漫画家Aと漫画家Bのコンビは順調に連載を続けていき、ヒット作にも恵まれました。その中で漫画家Bはゲームや企業の広告用のキャラクターデザインを手がけるようになり、本業の漫画家よりも作画を専門に行うイラストレーターとしての仕事が増えてきました。そこで、漫画家Bは漫画家Aとのコンビを解消したいと言ってきました。漫画家Aとしては漫画家Bとのコンビで週3本の連載が可能になっていたので、コンビ解消は痛いところです。しかし、お互いプロなので、漫画家Aが漫画家Bに対して今後イラストレーターとして活躍した場合に稼げるであろう以上の対価を提供できないと、漫画家Bを引きとめることはできません。それができるかどうか定かではないので、今後違う分野で活躍したほうがお互いのためだろうと漫画家Aは判断し、円満にコンビ解消となりました。

ただし、漫画家Aは1人では週1本の連載が限度であり、これまでと比べると原稿料が減ってしまいつらいところです。そこで、この状況を見た編集者E

が漫画家Aに対して「アシスタントを雇ってはどうか？」と提案してきました。漫画家Aもかつては大御所の下でアシスタントをしていたことがありますが、まだ中堅であり、かつての自分のような将来有望な漫画家志望の若者が修業の場として選んでくれる立場ではありません。能力のある人であればある程度の仕事を任せられますが、そういうアシスタントを雇える気がしません。そのような漫画家Aの反応に対して編集者Eは「心配ない、任せろ」と言ってその日の打ち合わせは終わりました。

アシスタントCの登場

数日後、編集者Eは1人の若者、アシスタントCを連れてきました。アシスタントCは編集者Eに漫画の原稿を持ち込んできたものの、あまりのレベルの低さにボツにされた経緯があります。編集者Eによると、アシスタントCは1話分の作画に必要な日数は4日と悪くはないものの、ストーリー作りが全然だめで1話当たり24日もかかってしまうとのことです（表2.5）。

表2.5 漫画家Cの作業条件

	漫画家C
作業可能日数	6日
1話分のストーリーを考えるのに必要な日数	24日
1話分の作画をするのに必要な日数	4日

ただ、漫画制作に関わってみたいという熱意はあるようです。漫画家Aは、アシスタントCがこの能力水準で果たして役に立つのかを不安に思っています。これまでコンビを組んでいた漫画家Bはまだ駆け出しで、ストーリー作りがやや苦手ではあったものの、漫画家Aよりも高い作画能力があり役割分担が期待できました。アシスタントCは作画についてもストーリー作成についても漫画家Aよりも能力が低く、仕事が期待できるようには思えません。漫画家Aの不安に対して経済学部出身の編集者Eは「大丈夫だ、問題ない」と言います。以下その理由を見ていきましょう。

比較優位に基づく分業

ここで、アシスタントＣが考えるストーリーの量を x_C、作画の量を y_C とします。x_C 話のストーリーを生み出すのに必要な日数は $24x_C$ 日であり、y_C 話の作画をするのに必要な日数は $4y_C$ 日です。よって、1週間で生産できるストーリー量と作画量の関係は以下の式で表されます。

$$6 = 24x_C + 4y_C$$

これを書きかえると生産可能性フロンティアは次のようになります。

$$y_C = \frac{3}{2} - 6x_C$$

ここで x_C の係数 $6 = \frac{24}{4} = \frac{\text{ストーリーの追加的費用}}{\text{作画の追加的費用}}$ は1話分のストーリーを考えるために行えなくなる作画の量を表しており、ストーリー考案の機会費用となります。逆に、$\frac{1}{6} = \frac{4}{24} = \frac{\text{作画の追加的費用}}{\text{ストーリーの追加的費用}}$ は1話分の作画を行うために考えられなくなるストーリーの量を表しており、作画の機会費用となります。

追加的費用については、表2.6で示す関係があります。1話分のストーリーを考えることについては、漫画家Ａが2日でできるのに対してアシスタントＣは24日かかり、漫画家Ａのほうが少ない追加的費用でストーリーを考えられることが分かります。漫画家ＡがアシスタントＣに対して絶対優位があります。作画についても、1話分を漫画家Ａが3日で書きあげるのに対して、アシスタントＣは4日かかります。漫画家Ａのほうが少ない追加的費用でストーリーを考えられることが分かります。作画についても漫画家ＡがアシスタントＣに対して絶対優位があります。

表2.6　漫画家ＡとアシスタントＣの追加的費用

	漫画家Ａ	アシスタントＣ
ストーリー1話	2日	24日
作画1話	3日	4日

次に、トレードオフで重要になる機会費用を比較してみましょう。機会費用では、表2.7で示す関係があります。1話分のストーリーを考えるために犠牲

第2章 ● 分業と生産活動

にする作画の量は漫画家Aが$\frac{2}{3}$話分であるのに対してアシスタントCは6話です。すなわち、ストーリーの考案に関しては漫画家Aのほうが比較優位を持っています。一方、1話分を作画するのに犠牲にするストーリーの量は漫画家Aが$\frac{3}{2}$話なのに対して、アシスタントは$\frac{1}{6}$話分です。すなわち、作画についてはアシスタントCのほうが比較優位を持っています。

表2.7　漫画家AとアシスタントCの機会費用

	漫画家A	アシスタントC
ストーリー1話	作画$\frac{2}{3}$話	作画6話
作画1話	ストーリー$\frac{3}{2}$話	ストーリー$\frac{1}{6}$話

ここで、漫画家AがアシスタントCを使って漫画を完成させるとどうなるかを考えてみましょう。例えば、漫画家Aが4日間で2話分のストーリーを考えたとしましょう。残りの2日間で作画を行い、$\frac{2}{3}$話分の作画を完成させます（漫画家Aの作画の生産性は追加的費用の逆数$\frac{1}{3}$なので、2日×$\frac{1}{3}$ = $\frac{2}{3}$話となります。これは図2.3の点a′）。一方、アシスタントCは6日間ずっと作画を続け、$\frac{3}{2}$話分の作画を行います（図2.3の点c）。すると2人の作画量の合計は

$$\frac{2}{3}+\frac{3}{2} = \frac{4}{6}+\frac{9}{6} = \frac{13}{6} = 2+\frac{1}{6}$$

となります。漫画家Aが2話分のストーリーを考え、漫画家AとアシスタントCが協力して2話分の作画をすることができることが分かります。イメージとしては、漫画家Aが2話分のストーリーを考え、それぞれ作画を1話のうちの重要となる$\frac{1}{3}$の部分を書いたところで、残りの$\frac{2}{3}$部分をアシスタントCに任せるという感じでしょうか。

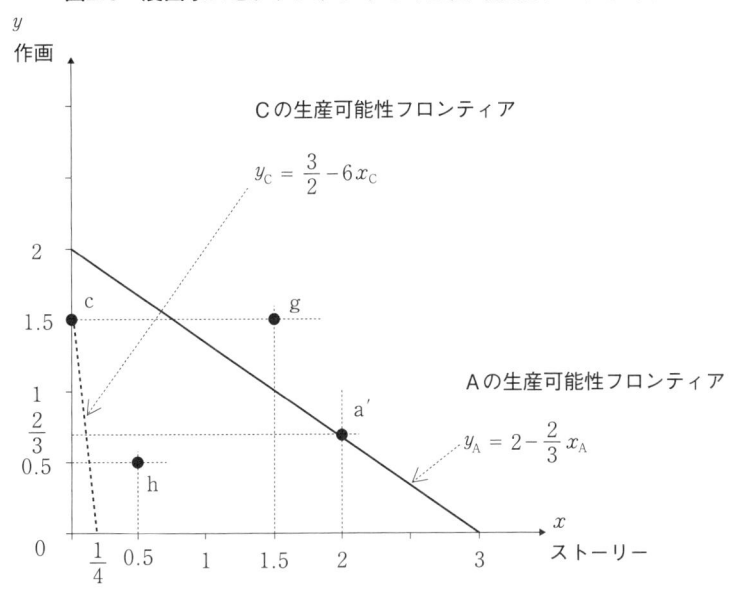

図2.3　漫画家AとアシスタントCの生産可能性フロンティア

Cの生産可能性フロンティア
$y_C = \dfrac{3}{2} - 6x_C$

Aの生産可能性フロンティア
$y_A = 2 - \dfrac{2}{3}x_A$

🔷 分業と取引

　編集者Eによると、「漫画家Aと漫画家Bが共同制作して週3本の連載をした場合、両方ともそれなりの実力のある漫画家だったわけだから2人の共同制作という名義にしないわけにはいかない。すなわち連名で3本の漫画を完成させるわけだから1人当たりは週1.5本ということになる。一方で、漫画家AがアシスタントCを雇って週2本の連載をした場合、アシスタントCについては1人ではまったく漫画を完成させる能力がないのだから、当然2本とも漫画家Aの名義でよく、アシスタントCには連載1本分の原稿料のうちいくらかを給料として渡せばよいのではないか」とのことです。

　確かに、アシスタントCはそもそも1人では連載を持てない上に、漫画家Aのアシスタントとして働くことで念願だった漫画製作に関われ、努力次第では将来独立することができるかもしれず、これは望ましい取引です。漫画家Aとしても、漫画家Bとの共同制作の場合は共同制作ということを明示しなければいけなかった一方、アシスタントCを使えば1人で2本の連載を持っているこ

とになるので望ましいといえます。給料の面から考えても、例えば連載1本分の原稿料のうち、半分をアシスタントCに給料として渡せば、漫画家Aの取り分は週1.5本分で漫画家Bと組んでいたときと変わりありません（図2.3の点g）。一方、アシスタントCは0.5本分の原稿料がもらえます（図2.3の点h）。漫画家AにしてもアシスタントCにしても、それぞれ1人では1.5本分、0.5本分の連載をすることはできませんから、この共同作業はお互いにとって望ましいものです。すなわち、**比較優位に基づく特化・分業は資源配分の効率性の観点から望ましいのです**。

このような分業が望ましい理由は比較優位の考え方にあります。希少な生産資源（ここでは労働サービスという生産要素）を用いて2種類の生産部門で生産活動を行う場合、一方を生産すると必ず他方の生産ができなくなります。トレードオフがあるわけですから、重要な点は**トレードオフの観点から機会費用を最小にして生産する**ことです。ここで、絶対優位（追加的費用の比較）が重要ではない理由は、作業時間を少なくすること自体には意味がないからです。**作業時間を少なくすることに意味があるのは、それによって節約できた時間を他の生産部門で活用して、他の生産物を生み出すことができるからです**。したがって、作業時間を少なくすることの望ましさは、それにより他のものがどれだけ生み出せるかという比較優位（機会費用の比較）の観点から評価しなければなりません。

●誰にでも必ず比較優位がある

漫画家AとアシスタントCの例のように、1人の人がすべての部門で絶対優位を持っているということはあり得ますが、1人の人がすべての部門で比較優位を持つことはありません。**どちらかの人がある部門に比較優位を持っている場合、他方の人は他の部門に比較優位を持つことになります**。これを簡単な記号を使って説明していきましょう。

漫画家Aがストーリーを1話考えるのに必要な追加的費用をa日、1話分作画することに必要な追加的費用をb日とします。この時、1日でできるストーリーの量は$\frac{1}{a}$話で、1日でできる作画の量は$\frac{1}{b}$話です。すなわち、ストーリーを1話考案してa日費やすことの機会費用は、その時間を作画に充てた場合

にできた $\frac{a}{b}$ 話分ということになります。逆に、1話分の作画を行って b 日費やすことの機会費用は、その時間をストーリーの考案に充てた場合にできた $\frac{b}{a}$ 話分ということになります。

　アシスタントCがストーリーを1話考えるのに必要な追加的費用を c 日、1話分作画することに必要な追加的費用を d 日とします。この時、1日でできるストーリーの量は $\frac{1}{c}$ 話で、1日でできる作画の量は $\frac{1}{d}$ 話です。ということは、ストーリーを1話考案して c 日費やすことの機会費用は、その時間を作画に充てた場合にできた $\frac{c}{d}$ 話分ということになります。逆に、1話分の作画に d 日費やすことの機会費用は、その時間をストーリーの考案に充てた場合にできた $\frac{d}{c}$ 話分ということになります。

　漫画家AがアシスタントCに対してストーリーの考案について比較優位を持っていたとすると、以下の関係があります。

$$\frac{a}{b} < \frac{c}{d}$$

　この関係は、漫画家Aにおける作画の量で測ったストーリー1話を考案することの機会費用 $\frac{a}{b}$ のほうが、アシスタントCにおける作画の量で測ったストーリー1話を考案することの機会費用 $\frac{c}{d}$ よりも小さいことを意味しています。ここで、両辺に bd を掛けると $ad < cb$ となり、さらに両辺に $\frac{1}{ac}$ を掛けると、以下のように書きかえることができます。

$$\frac{d}{c} < \frac{b}{a}$$

　この関係は、アシスタントCにおけるストーリーの量で測った作画1話分の機会費用 $\frac{d}{c}$ のほうが、漫画家Aにおけるストーリーの量で測った作画1話分の機会費用 $\frac{b}{a}$ よりも小さいことを意味しています。このように、ストーリーの考案について漫画家AがアシスタントCに対して比較優位を持っているということは、自動的に作画についてアシスタントCが漫画家Aに対して比較優位を持っていることを意味します。

　漫画家AとアシスタントCの例でいえば、漫画家Aはより少ない作画の犠牲でストーリーを考えることができました。アシスタントCはより少ないストーリーの犠牲で作画を行うことができました。そうであれば、漫画家Aは重点的

にストーリーを考え、アシスタントCは重点的に作画を行うことがより（機会費用の意味で）資源節約的な役割分担だということになります。このように、役割分担して作業を行い社会的に利用可能な資源を増やした上で、その成果を交換する（ここでは共同制作した漫画の原稿料を分け合うことに相当する）ことが、社会的な望ましさにつながるわけです。

2.3　分業と価値の創造・分配

　ここで、分業がなぜ望ましいのかをもっと掘り下げて考えてみましょう。重要な点は漫画家Aと漫画家Bの協力によって生み出された3本目の連載分や、漫画家Aとアシスタントcによって生み出された2本目の連載分については漫画家Aと漫画家B、漫画家AとアシスタントCが協力することで初めて生産可能になったものだということです。

　このような分業と特化の望ましさを指摘したのは19世紀のイギリスの経済学者デビッド・リカードです。リカードは、国際的な分業体制がなぜ生じるのかをここでの漫画家の例と同じような例で説明しました。アシスタントCの時間を漫画家Aに譲ることができない以上、アシスタントCは相対的に自分の得意な作画に、漫画家Aは相対的に自分の得意なストーリー作りに特化することが望ましいです。同様に国家や地域間で生産要素（例えば労働人口）の移動が簡単にできるわけではない以上、それぞれの国はそれぞれが得意とする産業に特化して生産しそれらを国際的に取引をすることが世界全体を豊かにすると指摘しました。

　ここで説明した分業と特化の望ましさとは、利用可能な資源自体を拡大させるという意味です。この比較優位に基づく分業の望ましさには以下の留意点があります。第1に、漫画家Aと漫画家B、漫画家AとアシスタントCが協力することでより多くの連載が可能になることが分かっていたとしても、当事者が実際に協力するとは限りません。第2に、この例では漫画家Aと漫画家Bや漫画家AとアシスタントCの分業関係を編集者Eという人物が仲介し、それぞれの望ましい役割分担についてアドバイスしていました。しかし、そもそも現実の社会ではそのように的確な役割分担を指示してくれる人がいるとは限りませ

2 ● 分業と特化の意義

ん。

　これらに加えて、さらに留意することがあります。分業と協力により追加的に生み出された漫画の原稿料収入が、分業と協力が生み出された価値ということになります。**この新たに生み出された価値が漫画家Aと漫画家B、漫画家AとアシスタントCの間でどのように分配されるのかについては比較優位の考え方だけでは議論できません。**暗黙の前提として追加的な1話分の原稿料を折半するという想定で議論を進めていましたが、実際にはそれほど簡単な問題ではありません。共同で漫画を制作するということは、漫画家Aと漫画家Bの間や漫画家AとアシスタントCの間である種の取引が行われることを意味します。お互いが納得する取り分でなければ、協力して漫画を制作しようとはしないでしょう。**取引が行われるかどうかは、取引当事者がその取引の結果生み出される価値の分配について合意していることが前提となります。**取引の結果生み出される価値の分配について合意している時、当事者たちは誰かに強制されなくてもその取引を自発的に行おうとするはずです。このように自発的に行われる取引を経済学では**市場取引**といいます。

　本章の例で登場した編集者Eは、実は漫画家AとBや漫画家AとアシスタントCの間の**自発的な取引**を仲介する存在であるといえます。編集者Eとしては、取引を仲介することで新たな漫画連載が可能になり、それが自分の雑誌の売り上げを伸ばすと考えているのでしょう。とすると、編集者Eは自発的に自分が担当する漫画家の間の取引を仲介しようとするはずです。

　このように、自発的な取引は資源の効率的利用を考える上で非常に重要です。次章では**自発的な取引＝市場取引**の意義について分析していきます。

第 2 章 ● 分業と生産活動

例題 2-2
家具職人の共同作業

ある村に2人の家具職人AとBがおり、机とイスを製造している。そして机1台とイス1脚を1セットの学習机として提供している。家具職人Aも家具職人Bもそれぞれ1ヶ月に200時間働くことができる。

家具職人A $\begin{cases} 机を1台製造するのに15時間必要 \\ イスを1脚製造するのに10時間必要 \end{cases}$

家具職人B $\begin{cases} 机を1台製造するのに20時間必要 \\ イスを1脚製造するのに30時間必要 \end{cases}$

このとき、以下の問いに答えなさい。
1. 家具職人Aと家具職人Bとで机の製造について比較優位があるのはどちらか。
2. 家具職人Aと家具職人Bとでイスの製造について比較優位があるのはどちらか。
3. 家具職人Aと家具職人Bとで各自が製造した机とイスを交換できるとする。家具職人Aと家具職人Bがそれぞれ提供できる学習机のセット数を最も多くなるようにするには、家具職人Aと家具職人Bはそれぞれ机を何台製造し、イスを何脚製造して、家具職人Aと家具職人Bが机とイスをそれぞれどれだけ交換すればよいか。なお、交換数量は整数単位のみとする。

例題 2-3
論述問題（絶対優位と比較優位の理解の確認）

ある夫婦が友人を招いてホームパーティーをする。ホームパーティーでは、料理と洋菓子の品数を同じにする必要があるとしよう。夫妻それぞれの料理・製菓の腕前は以下のとおりである。

・妻は4時間に料理を12品作ることができる。
・妻は6時間に洋菓子を12品作ることができる。

・夫は2時間に料理を4品作ることができる。
・夫は3時間に洋菓子を3品作ることができる。

1. 料理を作ることに絶対優位があるのはどちらか、洋菓子を作ることに絶対優位があるのはどちらかを答え、その理由を説明しなさい。
2. 料理を作ることに比較優位があるのはどちらか、洋菓子を作ることに比較優位があるのはどちらかを答え、その理由を説明しなさい。
3. この状況の場合、どうすれば夫妻がホームパーティーの準備をより効率的にできるだろうか。簡単に説明しなさい。

第3章 交換による価値の創造

1 市場取引と資源配分の効率性

1.1 交換と取引価値の創出

　前章では、生産活動における資源の効率的な配分について考えました。それでは、生産された財・サービスなどの資源はどのように人々に配分されるのでしょうか。経済学では社会という人間の集合体を考えるにあたって、その社会を構成する一個人や一企業の動きに注目します。経済学では、一個人や一企業の行動の集積が社会の動きを形成すると考えます。そこで、個人や企業の行動原理を掘り下げて考えていきます。

　資源の配分を考える上で、もっとも基本となるものは**交換**または**取引**です。個人や個々の企業が行う交換・取引の集積の結果、社会全体に資源が配分されていきます。交換・取引には、自発的なものとそうでないものがあります。特に、**自発的に行われる交換・取引を市場取引**といいます。

　例えば、1人の人が1日24時間をどのように使うかを決めるとしましょう。これは、自分の時間という資源をさまざまな活動に配分することになります。また、自分の貯金を使って何を買うのか、貯金をどれだけ残しておくのかを決めることも、自分の所有しているお金という資源をさまざまな財・サービスの購入に配分していることになります。自分の所有している資源（時間やお金）をいかに利用するかはその所有者が自由に決めてよいものです。あるモノを自由に利用・処分してよい権利を**所有権**といいます。**所有権**が確定している社会において、人々は自らが所有するモノをいかに利用するかを考え行動することができます。このように、何かを考え行動することを経済学では**意思決定**といいます。意思決定をする主体のことを経済学では**経済主体**といいます。人が1

第3章 ● 交換による価値の創造

日の時間をどう使うのかを考えることができるのは、自らの時間を自らが所有しているからです。人が自分の持っているお金をどう使うか考えることができるのは、自らのお金を自らが所有しているからです。自発的に何かを交換すること（市場取引）の前提には、社会において所有権が確立されていることが必要です。

所有権が確立している社会において、他人が所有している資源を利用しようとする場合は、利用したい人が自由に利用できるわけではありません。通常、その資源の所有者の許可が必要となります。例えば、子どもの頃に何かのカードゲームのカードを友人同士で交換したという経験はないでしょうか。定期試験の前にノートのコピーを取らせてもらう代わりに、自分のノートをコピーさせてあげるというような経験はないでしょうか。また、アルバイトをするということは、自分がその労働力を提供する対価として1時間当たりいくらかのお金を受け取るということです。このように、自分が持っている資源を相手に提供する代わりに、相手が所有している資源を提供してもらう行為が交換や取引です。資源は交換・取引を通じてそれを必要とする人に配分されていくわけです。

交換する場合には、必ず双方向に資源が移動します。例えば、カードゲームで、「レアなカード」1枚に対してあまり「レアではないカード」3枚を交換したとしましょう。これは、ある人から他の人に「レアなカード」1枚が移動し、逆に他の人からある人へ「レアでないカード」3枚が移動していることになります。これは、2人の間で「レアなカード」1枚の価値と「レアではないカード」3枚の価値が等しいということが合意されたことを意味します。自発的な交換・取引（市場取引）により決まったある財と他の財との交換比率を、経済学では**相対価格**といいます。

カードやノートの交換は**物々交換**といいます。物々交換の場合、家族や学校の教室内という狭いコミュニティでは交換相手を見つけることも比較的容易でしょうが、通常は交換相手を見つけるのが大変です。なぜならば、自分の欲しいモノを持っている人が、たまたま自分の持っているモノを欲しいと思っていないと交換が成立しないからです[1]。そこで人類は長い歴史の中で取引に際して**貨幣**と呼ばれる交換を仲介するための専門の財を使用してきました。みんな

が貨幣との交換を受け入れてくれるということが分かっていれば、自分も貨幣との交換を安心して受け入れられます。貨幣とはいわゆる日本銀行券（お札）や硬貨、銀行預金などのことです。経済学において**財やサービスと交換される対価を貨幣で測ったものを価格**といいます。

ところで、取引が自発的に行われるとは、その取引をする人々がその取引の成果に対して納得しているということを意味します。例えば、自動販売機で120円支払って缶ジュースを買うという行為は、

- 缶ジュースを販売する会社（売り手）は、120円受け取ることができれば缶ジュースを手放してよいと考えている
- 買い手は、缶ジュースを受け取ることができれば120円手放してもよいと考えている

ということを意味します。すなわち、お互いがその取引に納得しているということです。これは、次のことを意味します。

- 売り手は、缶ジュースよりも120円のほうが価値が高いと考えている
- 買い手は、120円よりも缶ジュースのほうが価値が高いと考えている

もちろん、売り手が缶ジュースのほうが120円よりも価値が高いと考えていて、買い手が120円のほうが缶ジュースよりも価値が高いと考えていたら、この取引は成立しません。

取引が実現するのは、取引しない状況よりも売り手と買い手両方の状況がよくなるからです。売り手と買い手のどちらか一方でも取引しない状態のほうがよいならば、取引を拒否すればよいのです。例えば、売り手は缶ジュースよりも120円のほうが価値が高いと考えているのですから、自分の持っている缶ジュースを120円で買い取ってくれる人がいれば満足します。買い手は120円よりも缶ジュースのほうが価値が高いと考えているのですから、自分の持っている120円で缶ジュースを提供してくれる売り手がいれば満足できます。このよう

---

1 「自分の欲しいモノを持っている人が、たまたま自分の持っているモノを欲しいと思っている」ことを「欲望の二重一致」といいます。

に、市場取引が成立するということは売り手と買い手の両者に利益をもたらし、価値を創出することを意味します。

1.2 価格と資源配分の効率性

留保価格と余剰

　市場取引が売り手と買い手の両者に利益をもたらすことをもう少しはっきりと確認するために、買い手が缶ジュースにいくらまでなら支払ってもよいと考えているのか、売り手が缶ジュースをいくら以上なら売ってもよいと考えているかという**留保価格**という考え方を導入してみましょう。もし、

- 売り手は、缶ジュースを100円以上ならば売ってもよいと考えている
- 買い手は、缶ジュースが130円までなら買ってもよいと考えている

とします。この時、売り手にとっては100円が、買い手にとっては130円が缶ジュースの留保価格ということになります。ここで、缶ジュースを120円で取引するということは、

- 売り手にとっては、120円 − 100円 = 20円得したことになる
- 買い手にとっては、130円 − 120円 = 10円得したことになる

ということを意味します。取引に伴って生じる「得」のことを経済学では**余剰**といいます。売り手の20円分の得を**生産者余剰**、買い手の10円分の得を**消費者余剰**といいます。120円での缶ジュースの取引によって売り手と買い手の合計で20円 + 10円 = 30円得したことになります。生産者余剰と消費者余剰の合計を**社会的余剰**といいます。なお、この余剰がなるべく大きくなることが効率性の観点から望ましいということになります。

　缶ジュースに対する留保価格が異なる人がいたときに、両者が缶ジュースと金銭を交換することで、両者の留保価格の差が社会的な余剰として生み出されることになります。この30円は、取引が行われなければ、社会的に実現しなかった価値です。取引が新たな社会的価値を生み出すという点について、世界的な経済学者の一人であったジョン・マクミランは著書『市場を創る』（2007年、

NTT出版、36ページ）の中で「売買とは創造の一形態」であると表現しています。

価格と資源配分の効率性

　取引利益を追求することは社会の資源配分をより効率的なものにする働きがあります。この点を考えるために、**買い手は２人いるが缶ジュースが１本しかない場合**を考えてみましょう。

- 売り手は、缶ジュースを100円以上ならば売ってもよいと考えている
- 買い手Aは、缶ジュースを120円までなら買ってもよいと考えている
- 買い手Bは、缶ジュースを140円までなら買ってもよいと考えている

という状況で缶ジュースを120円で取引する場合、買い手A・Bはともに缶ジュースを買いたいと思うでしょう。しかし、缶ジュースは１本しかないという希少性があるため、買い手A・Bどちらか一人にしか配分できません。それでは、どういう方法で買い手A・Bどちらか一人に缶ジュースを配分すればよいのでしょうか。じゃんけんやくじ引きで決めるという方法も考えられますし、早い者勝ちという方法も考えられます。

　もし、買い手Aと取引する場合、

- 売り手にとっては、120円 − 100円 = 20円得したことになる
- 買い手Aにとっては、120円 − 120円 = 0円得したことになる
- この取引の社会的余剰は20円となる

となります。一方、買い手Bと取引する場合、

- 売り手にとっては、120円 − 100円 = 20円得したことになる
- 買い手Bにとっては、140円 − 120円 = 20円得したことになる
- この取引の社会的余剰は40円となる

となるのです。社会的余剰がなるべく大きくなる買い手Bと取引する場合のほうが社会的余剰が大きくなる、すなわち効率性の観点から社会的に望ましいということが分かります。

しかし、売り手としては100円以上払ってもらえばそれでよいわけで、120円の価格で取引する場合は買い手Aに売っても買い手Bに売っても生産者余剰は20円で同じです。しかし、たまたま買い手Aに売ってしまったら社会的には非効率ということになります。なぜそれが非効率かというと、本当はもっと高い価格を出しても買いたいと思っていた買い手Bが買えなくなってしまうからです。

それでは、市場取引が効率的な配分を達成するためにはどうすればよいのでしょうか。買い手Aが120円までなら買いたいと思っていて、買い手Bが140円までなら買いたいということが分かっていたとしましょう。そうであれば、売り手は120円よりも高い価格で取引することができることが分かり、買い手Bと取引しようとするでしょう。留保価格についての**情報**は資源を効率的に配分する上で有用な役割を果たすわけです。

しかし、売り手が常に買い手の留保価格を知っているわけではありません。そのような状況では、売り手と買い手双方が、可能な限り自分に都合のよい条件で取引に応じてくれる相手を探そうとすることが効率的な資源配分をもたらします。売り手が120円という価格でなら買ってもよいという人を見つけたとします。この事実は、

- 買い手のなかに最低でも120円以上の留保価格をもった人がいる。もしかすると、他にもっと高い留保価格をもっている人もいるかもしれない

ということを意味します。すなわち、価格自体が買い手の留保価格についての情報を持っているわけです。そうであれば、もっと価格を引き上げてもよいのかもしれません。

もちろん、他の取引相手を見つけることが困難ならば、120円で買ってくれる人が見つかった段階で取引に応じてしまってもよいでしょう。しかし、もし新たな取引相手を探すことが容易ならば、120円の留保価格を持っている人がいるということが分かった段階で一旦交渉をやめて、新たな取引相手を探してみましょう。ひょっとしたら、運よく140円の留保価格を持っている買い手Bが見つかるかもしれません。

そして、売り手が買い手Bを見つけ出し、価格130円で取引したとしましょ

う。この場合の生産者余剰は130円－100円＝30円、消費者余剰は140円－130円＝10円であるので、社会的余剰は30円＋10円＝40円となります。驚くべきことに、取引価格の120円から130円への上昇が社会的余剰の拡大をもたらしています。売り手の余剰が20円から30円に上昇し、買い手Ｂも10円得しています。取引価格の上昇は、缶ジュースにより大きな価値を置いている人に対して配分するという望ましい状況を生んでいます。

　よく機能する市場とは、自分の売りたい財に対して少しでも高い評価を与えてくれる人を見つけられる仕組みのことです。よく機能する市場を備えた社会は、効率的な資源配分を達成することができます。「ちょっとでも得したい」と考える人々が取引利益を追求することで、全体としての資源配分を効率性の観点から望ましいものにしていくわけです。例えば、自分の持っている缶ジュースを買ってくれる人を探して、清涼飲料水会社は日本各地に自動販売機を設置しています。また、コンビニチェーンも同じように、多くの日用的な消費財を購入してくれる取引相手を求め日本全国津々浦々に店舗網を伸ばしています。取引利益の追求が経済活動が行われる範囲を広げ、それが資源配分を効率的なものにしているというわけです。

　このようなことを最初に指摘したのは、経済学の創始者であるアダム・スミスです。アダム・スミスは「１人１人が自分の利益を追求する結果、それはあたかも見えざる神の手に導かれるように、社会の資源配分が望ましい状態にたどりつく」と指摘しました。

　このとき、価格は非常に重要な役割を果たします。缶ジュース取引の例では、価格を120円から130円へと釣り上げようとする売り手の利己的な努力が効率的な資源配分をもたらしました。もし「缶ジュースは120円で取引しなければならない」ということが法律などで決められてしまったら、缶ジュースが買い手Ａに販売されるのか買い手Ｂに販売されるのかどちらになるか分かりません。これでは効率的な資源配分は達成されません。取引参加者の留保価格についての情報が価格に正しく反映されるような仕組みが、市場における資源配分の効率性をもたらします。このように、価格は効率性と密接な関係があります。

第3章 ● 交換による価値の創造

> **例題3−1**
> 大根を誰に売るか？　誰から買うか？

　山田さんと田中さんが自宅の畑で採れた大根1本を売ろうとしている。ただし、自分で食べてもよいので、あまり安い価格なら売りたくない。一方、夕食の材料で大根を1本だけ買いたい高橋さん、加藤さん、阿部さんの3人がいる。それぞれ大根の留保価格は下の表のように示される。

	山田さん	田中さん	高橋さん	加藤さん	阿部さん
大根を 留保価格	売りたい 100円	売りたい 90円	買いたい 120円	買いたい 95円	買いたい 130円

1．山田さんと高橋さんが道端でバッタリ会い、大根を取引しようということになった。大根の価格はいくらからいくらになるか。
2．山田さんはなるべく高く大根を買ってほしいと考え、150円で買ってくれといった。高橋さんは買うだろうか。
3．高橋さんは大根を95円で売ってくれといった。山田さんは売るだろうか。
4．山田さんと高橋さんが大根を取引したことで生まれる余剰の合計は何円か。
5．山田さんと高橋さんが大根を105円で取引した。加藤さんと田中さんの間で大根が93円で取引が成立しそうだが、加藤さんは少し安すぎるのではないかと迷っている。この時、あなたが加藤さんと田中さんとの間の取引価格が93円であることと上の表の情報を知っていたとする。あなたがどうにかして儲けようとする場合、どうすればよいか考えなさい。
6．前の問題（問題5）であなたが儲けることができたのはなぜか考えなさい。
7．高橋さんと加藤さんが大根を購入する状態と、高橋さんと阿部さんが大根を購入する状態では、資源配分の効率性という観点からどちらが望ましいのか考えなさい。
8．どのような取引の仕組みを作ったらより効率的な配分が達成できるか考えなさい。

2 自発的な意思決定

2.1 インセンティブ

　前節では、自発的な交換にはそれ自体価値を生み出す働きがあるという説明をしました。それでは、交換しようとしている人々の自発性をいったいどのように考えたらよいのでしょうか。人が何かを自発的に決めることを意思決定といいました。通常、意思決定の背後にはその決定を行いたいと考える**何らかの動機**が存在すると考えます。例えば、120円で缶ジュースを販売したい売り手は、その120円を獲得することで他の何かを購入したいと考えているのでしょう。120円で缶ジュースを購入したい買い手は、缶ジュースを飲むことで気分をすっきりさせたいと考えているかもしれません。

　意思決定の背後にある明示的あるいは隠された動機を経済学では**インセンティブ**といいます。これは「何かの行動をする以上、必ずその行動には動機があるはずだ」という考え方に基づいています。何か行動をする、例えば自動販売機で缶ジュースを買うという行動の背後には、「缶ジュースを飲んで気分転換したい」という動機があるはずです。大学に入ってサークルに参加したいといろいろなサークルを見てまわるという行動の背後には「サークルでさまざまな友人を見つけて大学生活を充実したものにしたい」という動機があるはずです。また、はっきりと外部からうかがい知れない動機もあるかもしれません。例えば2月14日の登校中さほど親しくもない女性がやってきて、何やら恥ずかしそうにもごもご話してチョコレートを渡して去っていったとしましょう。この場合、なぜ女性は自分にチョコレートを渡したのかという動機を考えなくてはなりません。「自分のことを好きなのだろうか」、それとも「これが世間でよく言われる義理チョコというやつなのか」、それとも「イケメンの親友でサッカー部の○○君に渡してと小声で言っていたのに聞き取れなかっただけ」なのかもしれません。人間関係において他人の行動の真の動機を理解することは非常に重要です。同じように、経済学では、人間行動を正しく理解するためにまず人間は必ず何らかの動機をもって行動する存在であると考えていきます。このイ

ンセンティブを把握することが経済学的な意思決定を分析していく上で欠かせません。

経済学では、何かを選択する際には合理的に行うことが重要だと考えます。合理的な選択とは

1．あらゆる選択肢について、望ましさの順番を付けることができる。
2．取り得る選択肢の中から、もっとも望ましい選択肢を選ぶ。

の2つの条件を満たすものです。1番目の条件については、どのような選択を取るかによって望ましさが変わるという人間の感覚を表しています。もちろん、順番が付けられない選択もありますが、それはその選択肢が同程度に望ましく**無差別**であるということになります。そして2番目の条件については、望ましければよいということではなく、現実的に選択可能なモノには制約がありその範囲内でできる限り望ましい選択を行うということを意味しています。この制約を考えるということは非常に重要です。

例えば、部活帰りの空腹時にハンバーガーショップに寄った際、何を注文するのかは多様な選択肢があります。とりあえず単品で何か一つ注文することもあるでしょうし、セットを注文することも、あるいはセットに何か追加で単品を付け加えることもあるでしょう。いずれもハンバーガーショップにある多様な選択肢の組みあわせの中から一つを選択することになります。この背後には、ハンバーガーショップにある多様な選択肢の組みあわせにはそれぞれ望ましさの順序があり、その中で最も望ましいものから選択しているという状況があると考えられるわけです。

ただし、ハンバーガーショップのメニューの中からしか選択することができません。例えば、本当はものすごく牛丼が食べたかったとしましょう。しかし、ハンバーガーショップのメニューに牛丼がなければ選択することはできません。また、「支払える範囲のメニュー」の中からしか選択することができません。

2.2　合理的な選択

合理的な選択の前提の中に「あらゆる選択肢について、望ましさの順番を付

けることができる」というものがありました。このことは、自分の選択についてそれぞれ望ましさを感じており、どれを選択するかによって望ましさが変わるということを意味しています。よって、**選択と望ましさの関係を考えること**が必要になるわけです。

経済主体の選択の望ましさを数学的に表現したものを目的関数といいます。例えば、経済主体が何かを購入して使用しようとしている主体（消費者）であれば、目的関数は消費量の選択と消費することから得られる満足度（効用）の関係を表したものです。これを**効用関数**といいます。また、経済主体が何かを生産して販売しようとしている主体（生産者）であれば、目的関数は生産量の選択と生産することから得られる利潤の関係を表したものです。これを**利潤関数**といいます。

これらの関数の形状はいろいろ考えられます。分析対象の事情に応じてその分析対象の性質をうまく捉えているように適切な定式化をすればよいのです。例えば、選択肢がお金の量だとします。分析対象の経済主体が「お金はあればあるほどうれしい」と感じていると仮定するならば、お金の量の増加に対して満足度が単調に増加する1次関数で表現することができるでしょう。選択肢が食べる量で「食べる量が増えればうれしいけど食べ過ぎると飽きる」と感じている点が重要であると仮定するならば、選択肢の増加に対して満足度が非単調に増加する2次関数で表現すればよいでしょう。いずれにせよ、選択肢と望ましさの関係を数学的な関数と見なすことで、意思決定の問題を数学的な問題に置き換えることができます。

ただし、経済学的な意思決定はもう少し複雑です。お金の量や食べる量を増やせば満足度が増えたとしても、どこまででもお金の量や食べる量を増やせるわけではありません。なぜならば、選択可能な範囲でしかお金の量や食べる量を選択できないからです。よって、選択可能な範囲をしっかりと認識することが重要となります。

●トレードオフと機会費用

合理的選択のポイントには、「取り得る選択肢の中から、もっとも望ましい選択肢を選ぶ」というものもありました。例えば、ある選択から得られる満足

表3.1 ハンバーガーの購入個数と残金の関係

x	y	意味
0	800	ハンバーガー（x）を1個も買わないと残金（y）は800円
1	600	ハンバーガー（x）を1個買うと残金（y）は600円
2	400	ハンバーガー（x）を2個買うと残金（y）は400円
3	200	ハンバーガー（x）を3個買うと残金（y）は200円
4	0	ハンバーガー（x）を4個買うと残金（y）は0円

度が非常に大きかったとしても、その選択に伴う対価が大きければその選択肢が望ましいとは限りません。そこで、選択可能なものの範囲をしっかりと認識する必要があります。当然、ハンバーガーショップであれば、どのようなメニューがあるかを認識している必要があります。ただし、**経済学的な意思決定においては、メニューだけでなく選択に伴うトレードオフ関係にも配慮する必要があります**。

具体的に「何かを買う」という行為に絞って選択可能性とトレードオフの関係を考えましょう。例えば、非常に空腹で1個200円のハンバーガーを買うかどうかの意思決定に直面しているとします。ただし、財布には800円しか入っていません。この時、ハンバーガーの購入個数をx、手元に残しておく残金をy、ハンバーガーの価格を200円とすると以下の式が成り立ちます。

$$800 = 200x + y$$

このように、1次関数により所持金（予算）と購入する財・サービスの費用との関係を表現したものを経済学では**予算制約式**といいます。この予算制約式は以下のように変形することができます。

$$y = 800 - 200x$$

表3.1に予算制約式で示されるハンバーガーと残金との関係をまとめました。ハンバーガーと残金との組み合わせを(x, y)で示すと、$(0, 800)$、$(1, 600)$、$(2, 400)$、$(3, 200)$、$(4, 0)$の値をそれぞれ取ることが分かります。これをxy平面で図示したものが、図3.1です。

今、予算の総額は800円ですから、ハンバーガーをたくさん買うと残金が減

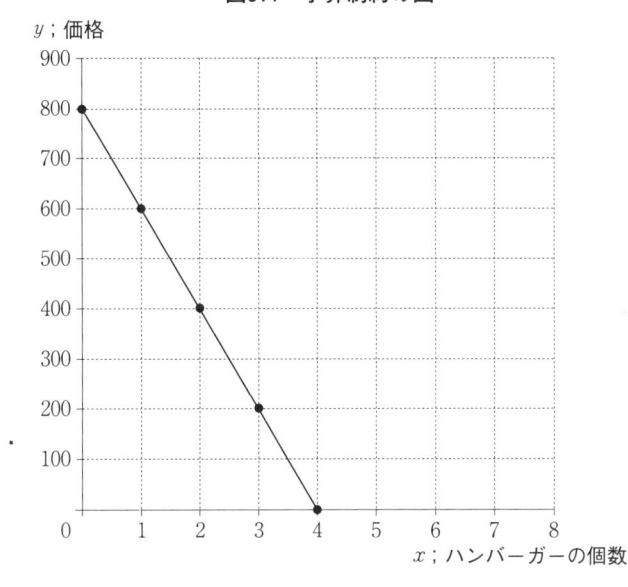

図3.1　予算制約の図

ります。逆に手元にお金を残そうと思えば、ハンバーガーが買えなくなります。予算制約式という1次関数によりハンバーガーと残金の関係を表現することで、ハンバーガーを購入することで残金が減ってしまい、他に買えたであろうモノが買えなくなるというトレードオフ関係が明確になります。ハンバーガーは1個200円ですが、これは通常「金銭的費用」と呼ばれる費用です。この金銭的費用は、トレードオフ関係を前提として捉えれば、ハンバーガーを1個買うのに必要な200円で買うことのできる他のモノの金銭的価値を表すことになるので、ハンバーガーを1個買うことの**機会費用**と解釈することができます。

●合理的な選択と最適な選択

　合理的な選択とは、トレードオフを前提としてある選択から得られる便益と費用を考慮した上でもっとも望ましい選択を行うことです。選択にはトレードオフがつきものです。同時に、その選択肢にはそれぞれ望ましさが割り当てられています。よって、一方を増やして他方を減らすと、それに応じて満足度なり生産量なりの望ましさの比率も変化してしまいます。もし非常にお腹が空い

第3章 ● 交換による価値の創造

ていてハンバーガーはたくさん食べたいけれど、お金をそんなに残しておく必要はないという人がいたとすれば、持っている予算800円をすべてつぎ込んでハンバーガーを4個買えばよいでしょう。逆にお腹は空いているけどハンバーガーが好きでない人であれば、800円を全額残しておいて他の食べ物の購入に充てようとするでしょう。しかし、もしお腹が空いていてハンバーガーが好きで食べたいけれど、お金が少なくなるのは不安だなと考えている人がいたとすると、ハンバーガーと残金のうまいバランスを考えなければなりません。

このようなトレードオフを前提とした最適な選択の問題は後に詳しく扱うので、ここでは考え方のヒントだけを説明しておきましょう。トレードオフを前提とすると、経済主体はハンバーガーを1つ増やすごとにお金を200円失ってしまいます。それでは、望ましさ（目的関数）の観点からみれば、ハンバーガーを1つ増やすことで得られる望ましさは、いくらの金額を手元に残しておくことの価値に相当するのでしょうか。今、何も注文していない状況で800円が手元にあるとしましょう。ここで、手元のお金から200円を支払った時のお金が減ることの不安さの程度とハンバーガーを1つ食べられるうれしさの程度はどちらが上でしょうか。もし、お金が200円減ってしまったとしてもハンバーガーを1つ食べたほうがうれしいのならば、「ハンバーガー0個と残金800円」という選択よりも、「ハンバーガー1個と残金600円」という選択のほうが望ましいということになります。それでは、仮に全額使ってハンバーガーを4個買ってしまうのはどうでしょうか。もし、ハンバーガーを3個にして1個我慢した時の残念さの程度と手元に200円残しておける時の安心感の程度はどちらが上でしょうか。もし、ハンバーガーを3個にして1個我慢してでも手元に200円残しておくほうがよいのならば、「ハンバーガー4個と残金0円」という選択肢よりも、「ハンバーガー3個と残金200円」という選択肢のほうが望ましいということになります。

このように、トレードオフを意識し、少しハンバーガーを増やした時に手元からなくなってしまうお金の量とそこから生じる望ましさを考えながら、もっとも望ましい選択を決める方法を経済学では**限界原理に基づく意思決定**といいます。

例題 3-2
「買い出し」の予算制約

みなさんが就職して、新入社員として企業のお花見の買い出しを任された。先輩から10000円渡され、ビール（300円）とウーロン茶（200円）を買ってくるように言われた。予算を余らせると先輩に返金しなければいけないので、10000円すべてを使い切ることにする。

1. ビールの購入本数をx、ウーロン茶の購入本数をyとして、予算制約を定式化しなさい。
2. 予算制約を$y=$の形の1次関数で表現しなさい。

例題 3-3
論述問題（インセンティブと機会費用の理解の確認）

1. 大学を卒業するには多くの費用と多くの努力が必要である。そのような対価を支払い大学を卒業する学生のインセンティブとは何か考えなさい。
2. 新入生の学生さんの中には大学で友人を作ろうと頑張っているでしょう。大学で新しい友人を作ることのインセンティブとは何か考えなさい。
3. 学校の先生が学生に勉強させようとすることのインセンティブは何か考えなさい。
4. お腹が空いてハンバーガーショップに入った。お金はあまり持っていない。ハンバーガーが1個200円、フライドポテトが1個100円の2種類しかメニューにない状況だとすると、ハンバーガーを1つ注文することの機会費用をどのように評価すればよいか。
5. 大学に進学することの機会費用とは何か考えなさい。それが普通の若者とプロ野球からドラフト指名されたような若者とではどのように違うのかを考えなさい。
6. 夏の暑い時に、冷たいコーラが1本120円で販売されていた。あなたはコーラを買うか、それとも買わないか。買うか買わないかを述べた後、その理由を「便益」「費用」の2つの言葉を使って述べなさい。

7. 水は人間が生きていくためには必要不可欠なものである。コップ1杯のミネラルウォーターから得られる便益は大きいか、小さいか。理由もあわせて考えなさい。

3 経済学の考え方

これまでに説明した資源配分の効率性、取引価値、インセンティブの考え方は現実の社会経済を考える上で非常に重要です。本節では、経済学の基本的な概念を使って実際の社会や経済の仕組みをいかに考えるのかについて、その概要を説明します。

市場経済と国家・政府・中央銀行の役割

本章1.1節では「所有権が確立している社会において、他人の所有している資源を利用しようとする場合は、利用したい人が自由に利用できるわけではない」と説明しました。現在の日本では所有権が確立しているといえますが、それでも窃盗事件や万引き、詐欺などは後を絶ちません。言いかえると、所有権は確立しているとはいえ、所有権を無視して対価を支払わずに他人の資源を手に入れようとする行為が存在しているということです。このような行為を禁止するために、所有権を侵害しようとする行為に対して罰則を与える必要があります。すなわち、所有権を守るためには罰則を与えることを可能とする力が必要であるということになります。このような力を独占的に行使する主体を国家とか政府といいます。国家の持っている力を国家権力といいます。

また、取引を円滑に行うため、交換に用いる専門の財として貨幣があると説明しました。しかし、なぜ人々は自らの持つ財を交換する対価として、貨幣を受け入れるのでしょうか。これも貨幣を交換の対価として受け入れるように強制する、または貨幣が交換の対価として受け入れるだけの価値のある財だと信用させる主体が必要になります。貨幣を流通させる主体は中央銀行となります。

中央銀行は政府から独立した機関ですが、貨幣の価値を安定化させるためのさまざまな役割を担っていることから通貨の番人とも呼ばれています。

　所有権を確定し、貨幣を流通させることのできる国家・政府・中央銀行の存在は人々が経済活動を行う上で必要不可欠です。ニュースを見るとアフリカの南スーダンや中東のシリアなど内戦が起きている国や、ウクライナなど政情不安に陥っている国があることが分かります。また、南米の国々では貨幣の価値を安定させられずにインフレーションと呼ばれる現象が発生することがあります。このような国々を見ると、国家権力が弱体化した国では基本的な経済活動も立ち行かなくなることが分かります。このように国家が経済活動に果たす役割を分析することも経済学の重要な目的です。

● 取引利益の追求と人類の歴史

　経済活動にとって国家は重要な役割を果たしますが、同時に国家の範囲やその力の強さは経済活動によって変化していきます。これまでに、取引利益が存在することで人々はその利益を実現する方法を見つけだそうとすると説明しました。実は、大航海時代による世界の一体化は取引利益の追求によりもたらされたものです。伝統的にヨーロッパ諸国では、アジア（中国、インドなど）との交易によりもたらされるさまざまな物産（お茶や胡椒など）が高値で取引されていました。しかし、中東地域にオスマントルコ帝国が成立しヨーロッパ諸国と敵対するようになるなどしたことから、ヨーロッパ諸国は中東地域を経由しないアジアとの交易路を求め、大西洋に乗り出したわけです。この中で、「地球は球体」であるという認識を背景に、大西洋を西に進めばアジアがあるはずだと考えたのがコロンブスです。彼は結局アジアにはたどりつかなかったわけですが、その代わりにアメリカを「発見」しました。その後、南アメリカ大陸の大部分を植民地にしたスペインは、植民地からもたらされる大量の金・銀を背景にヨーロッパで勢力を拡大させました。これはヨーロッパの国家間の勢力争いや経済活動に大きな影響を与えました。

　現在の日本の領土の形成にも取引利益の追求は重要な役割を果たしています。もともと現在の北海道は蝦夷と呼ばれていました。当時の北海道はお米を栽培することが難しかったので、本州の人々にはさほど重要な土地とはみなされて

いませんでしたが、江戸時代以降、関西地域で綿花などの商品作物の生産が盛んになった結果、北海道で産出される鰊（ニシン）などが肥料として注目されるようになりました。その結果、北海道から本州（特に関西）にさまざまな海産物（鰊のような金肥と呼ばれるものや、俵物と呼ばれる乾燥魚介類など）が輸送され、逆に本州から北海道へはお米やその他のさまざまな財貨が輸送される交易路が成立しました。このような交易は、北海道を日本の領土として組み込む原動力となりました。特に北方領土と呼ばれるエリアの開発には、北海道との取引を行う商人たちの働きが大きな役割を果たしました。このように、世界史や日本史で説明される歴史的出来事も、経済学的な観点からの説明が可能です。

●経済体制と資源配分のメカニズム

　経済活動が人類の歴史に非常に大きな影響を与えた例は20世紀にもあります。現在の世界の多くの国々では、市場を中心とした資源配分の仕組みを備えています。しかし、ほんの30年前まで世界には社会における資源配分のメカニズムを市場取引にゆだねる仕組みを備えた国と、政府により計画的に行おうとする国に分かれていました。前者を資本主義経済や市場経済（日本やアメリカ、西ヨーロッパ諸国）といい、後者を社会主義経済や計画経済（ソ連（今のロシア）、中国、東欧諸国）といいます。市場経済や計画経済など、ある国の資源配分の仕組みの全体像を経済体制といいます。

　では、なぜそのような国に分かれていたのでしょうか。18世紀中盤の産業革命以降、世界中で経済が急速に発展し始めました。大規模な生産活動を行うためには大規模な工場や機械設備などが必要になります。工場や機械設備を所有する人々を資本家といい、工場や機械設備を使って生産活動に従事する人々を労働者といいます。経済発展が始まった当初、工場や機械設備は相対的に希少でした。そのため、機械設備を保有している資本家が多くの所得を得て、豊富に存在した労働者が得られる所得は少なく、資本家と労働者の間での貧富の差が深刻な社会問題になりました。その中で、市場が資源配分を決定するのではなく、政府が衡平性を重視して資源配分を決定するべきであるという考え方が生まれました。この考え方を社会主義といいます。そして、20世紀前半にその

ような考えに基づいて国を運営しようとする国が現れたのです。

　資本主義諸国では、社会の中で誰が何をどれだけ欲しがっているのかを市場で成立する価格により知ることができ、複雑な経済システムを比較的効率的に運営していました。また、経済発展が続き、資本家の保有する機械設備が豊富になり相対的な希少性が低下するにつれ、労働者の待遇も改善されていきました。一方で、社会主義諸国では、誰が何をどれだけ欲しがっているのかを評価する仕組みを政府が勝手に決めていた結果、必要なものが手に入らない、不要なものが大量に生産される、という状況になっていました。それが続いた結果、多くの社会主義諸国の経済では、利用可能な資源の量そのものが不足してしまうという事態に陥りました。そして、20世紀末には社会主義諸国の経済は崩壊しました。例えば、中国経済も長い間非常に停滞していましたが、1978年に市場経済を導入することで現在にまで続く経済成長が始まりました。1990年代以降、社会主義諸国は体制を変え、多くの国では市場を中心とした資源配分の仕組みを採用しています。20世紀に起きた資本主義対社会主義の構図は人類がかつて経験したことのないほどの壮大な社会実験でした。この社会実験の結果は、資源配分を効率的なものにする社会的仕組みの重要さを示していると解釈することができます。

取引費用とさまざまな市場・非市場取引

　市場取引が資源配分の効率性にとって重要であるとしても、実際の経済活動において取引相手を見つけ、取引を無事完了させるにはそれなりの困難さが伴います。この取引を実行することの困難さを**取引費用**といいます。取引相手が見つけやすい（取引費用が低い）ほど、効率的な資源配分が達成されやすくなります。現実の経済で観察されるさまざまな制度はこの取引費用を節約する仕組みとして解釈することができます。また、実際の社会においては市場取引がすべての資源の配分を決めているわけではありません。市場によらない、すなわち自発的ではない交換により資源が配分されている側面は多々あります。また、そもそも市場による資源の配分がうまく機能しないことも多くあります。市場がうまく機能しない状況、または自発的ではない交換も存在し、現実の社会にとって非常に重要です。

第3章 ● 交換による価値の創造

　市場を通じた資源配分のメカニズムの望ましさについての経済学的分析は18世紀にアダム・スミスが最初に指摘して以降、20世紀前半ころまでにはほぼ完成しています。現代の経済学は、市場がうまく機能しないような状況や、市場以外の資源配分メカニズムを機能させるための条件を研究しています。

　例えば、物々交換では取引相手を見つけにくいのに対して、貨幣を使えば取引相手が見つけやすいという説明をしました。これは貨幣には取引費用を引き下げる機能があることを意味しています。

　東京豊洲の東京都中央卸売市場には、日本や世界各地から海産物が運び込まれてきています。海産物の取引をしたい人は、築地に集まれば自分の望む取引相手を探すことができます。東京神保町には多くの古書店が軒を連ねています。古書の取引をしたい人は、神保町に行けば自分の望む取引相手を見つけることができます。また、デパート（百貨店）は、文字通りさまざまなモノが販売されている店舗なので、衣類から食料品や贈答品などさまざまなモノが欲しければデパートに行けばよいわけです。このように、市場や都市、各種の流通形態は、取引費用を節約するために生み出された社会的仕組みといえるのです。

　お金の貸し借りでも取引費用は重要な問題です。今お金を使う予定のない人が将来返してもらう約束と引き換えに今お金を有意義に使おうとしている人にお金を融通することは、資源配分の効率性上望ましいといえます。このようなお金の取引を金融取引といいます。しかし、将来返してもらえるかどうかは将来になってみないと分かりません。借り手はお金を借りてそのまま夜逃げしてしまおうと考えているような悪質な人物かも知れません。また、たとえ借り手がお金を使って有意義な事業を行おうとしたり、大学の学費に充てて将来稼ぐための知識を得ようと考えていたりしても、事業が成功するかどうか、学生が稼げる仕事につけるかどうかは分かりません。このような将来についての不確実性は金融取引に伴う取引費用となります。現実の金融取引には、取引費用に対処するためのさまざまな仕組みが備わっています。

　また、人間自身が取引対象となる労働サービスの取引でも取引費用は重要です。政府による規制などがあり、企業は一度労働者を雇うと簡単には解雇できません。一方で、労働者が有能かどうか、企業で必要な能力を備えているかどうかについて雇う前に判断することは困難です。また、労働者にとっても、多

くの企業の中から自らの能力を発揮でき高い賃金を得ることができる1社を探すことは困難ですし、たとえ見つかってもその企業が労働者を募集しているとは限りません。これら政府による規制、労働者の能力が事前には分からないこと、労働者と企業のマッチングの難しさなどが労働サービスの取引に伴う取引費用です。現実の雇用慣行や報酬体系にはこのような取引費用に対処するための仕組みが存在しています。

　一方で、自発的でない取引にも注目してみましょう。例えば、政府との経済的取引には自発的ではない部分があります。通常、政府は人々から税金を徴収して、政府サービス（防災、警察や国防など）を提供しています。政府サービスの対価として税金を支払っているわけですから、これはある種の取引といえます。しかし、受け取る政府サービスに対して支払う税金が適正であると人々が納得しているわけではありません。そのため、政府との取引は自発的な取引とはいえません。実は、政府は、取引費用が高すぎる結果市場では自発的に提供されないような財・サービスを市場に代わり提供する役割を果たしています。

　また、企業内の資源の移転（例えばある部署の従業員を他の部署に移転させる等）は企業という組織内での命令・指令に基づく資源の移転であり、市場取引とは異なっています。信用できる取引相手が見つけられない等々、取引費用が非常に高くなるような場合は、市場取引ではなくその取引全体を一つの組織が包み込んでしまうことで、取引費用を節約することができます。これが企業とか組織と呼ばれるものの経済学的な解釈です。

第4章 需要曲線と供給曲線

1 市場取引の分析

　前章では、市場取引が売り手と買い手の両者に利益をもたらすことを説明しました。本章以降では、この市場取引を分析するための道具である価格理論と呼ばれる経済学の理論について説明していきます。

　ある財・サービスの買い手や売り手は、「いくらまでなら支払ってもよい」、「いくらでなら売ってもよい」という財・サービスに対する留保価格を持っていると説明しました。そして、留保価格の異なる買い手と売り手の間での財・サービスの交換が合意されると、両者の留保価格の差が社会的余剰として実現するという説明をしました。それでは、社会全体での財・サービスの取引量や取引価格はどのように決まるのでしょうか。また、社会全体での社会的余剰や消費者余剰、生産者余剰の大きさはどのようになるでしょうか。このような社会全体の市場取引について考察する枠組みとして**価格理論**があります。価格理論は買い手と売り手を考え、買い手と売り手が取引をする場である市場において、価格と取引総量が決まると考えます。そこで、本章では買い手（消費者）と売り手（生産者）について考えていきます。ただし、議論を単純にするために、ここからは**完全競争市場**における取引行動を考えていきます。

　経済学で扱う市場の種類は大きく分けて4種類あり、完全競争市場とはそのうちのひとつです。なぜ市場の種類を分けて考える必要があるのでしょうか。例えば、ある財・サービスの価格というものに注目してみましょう。ある財・サービスの価格は誰がどのようにして決めるのでしょうか。消費者が缶ジュースを購入したいと考える場合、缶ジュースの価格を消費者自らが勝手に決めることはできないと思う人が多いはずです。よって、消費者にとっては価格を自分で操作することができないものと仮定しても違和感はないでしょう。一方で、

第4章 ● 需要曲線と供給曲線

　消費者と同じように、生産者が製造・販売する缶ジュースの価格を生産者自らが決めることができないと思う人は少ないはずです。生産者にとって価格はある程度自分で操作することができるもののように思われます。

　生産者にとって価格が操作可能であるかどうかは大変重要な論点となります。実は、生産者が価格を操作できるか否かは、市場において生産者が競合する他の生産者とどのような競争をしているかに依存します。市場内に競合する他の生産者がいない生産者は自分で勝手に価格をつけることができるでしょうが、競合する他の生産者が多い場合には自分が高い価格をつけてしまうと他の生産者にお客を獲られてしまうかもしれません。このように市場における競合する他の生産者との競争は非常に重要です。市場の競争状態は次のように分類されます。

完全競争市場　完全競争市場は多数の消費者と多数の生産者が存在し、同じ財・サービスを取引している市場です。非常に多くの消費者と生産者が存在する市場であることから、市場において形成される価格（相場価格）にしたがって消費者は購入量を決め、生産者は生産・販売量を決めます。つまり、この市場においては、消費者と生産者は価格が与えられたものとして行動します。

独占市場　独占市場は1つの市場に1人の生産者（1つの企業）しかいないような状況です。このような市場では、ある生産者が財・サービスを独占的に生産しているといえます。生産している人が1人しかいないのですから、買い手は価格が高いからといって他の生産者の財・サービスを買うわけにはいきません。したがって、市場を独占する生産者は自分の好きなように価格を決めることができます。

寡占・複占市場　独占市場は生産者が1人しかいない市場ですが、非常に少数の生産者しかいない市場もあります。身近なところでは、鉄道会社や携帯電話会社が当てはまります。このような市場では、完全競争市場のように価格操作の余地がないわけではありませんが、独占市場のように1人の生産者しかいないので価格を好き勝手につけられるという状況でもありません。例えばソフ

トバンクとauとドコモの競争のように自社が少し価格を下げるとどれくらい顧客を獲得できるかと競合他社の状況を読みながら企業が活動している市場が寡占・複占市場です。「寡」とは少ないという意味で、寡占市場とは少数の生産者が活動している市場です。複占市場とは「複」つまり2人（2社）が活動している市場です。少数の生産者が競合する他の生産者を読み合っている状況なので非常に複雑です。

独占的競争市場　生産者が多数であっても完全競争市場のように少しでも価格を上げたら顧客がいなくなるという市場ばかりではありません。例えば、松屋と吉野家では同じような牛丼を販売していますが価格は違います。それは同じような財でいて品質が違うため、品質を反映して異なる価格をつけているということです。同じような財だけど価格が違うわけですから、要するに品質であるとかブランド力が違う市場ということです。独自のブランドを持っているという点で独占的な性質をもった生産者が競争している市場を独占的競争市場といいます。

これらの市場環境の違いは、少数の市場参加者がお互いの行動を読み合う状況においての意思決定を考えるゲーム理論と呼ばれる理論の発展とともに進展している重要な学問領域です。しかし、このテキストでは、非常に単純な経済学の考え方を身につけることを目的としているので、一番単純な完全競争市場を前提に議論を進めていきます。そこでは、**価格が与えられたものとして行動する消費者の望ましい消費量と、価格が与えられたものとして行動する生産者の望ましい生産・販売量の決定について考えていくことになります。**

第4章 需要曲線と供給曲線

例題 4-1
穴埋め問題（市場の競争状態の用語確認）

以下の問題文の空欄を埋めなさい。

企業が自ら生産・販売する財・サービスの価格を設定できるかどうかは［ 1 ］に依存する。非常に多くの企業が同質の財・サービスを生産・販売している［ 2 ］市場では企業は価格を設定することが［ 3 ］。市場に1つの企業しかない市場を［ 4 ］市場、市場に2つの企業がいる市場を［ 5 ］市場、市場に複数だが少数の企業がいる市場を［ 6 ］市場という。市場に企業が多数いるがやや質が異なる財・サービスを提供している市場を［ 7 ］市場という。これらの市場では、程度の違いはあるが企業は価格を設定することが［ 8 ］。

2　需要曲線

2.1　需要表

　何かの目的で財・サービスを購入し利用することを**消費**といい、ある財・サービスを消費しようと考えている人を**消費者**といいます。そして、財・サービスの価格が与えられたときに消費者が購入したいと考える消費量のことを**需要量**といいます。それでは、財・サービスの価格と需要量の間にはどのような関係があるか考えてみましょう。

　通常、消費者は財・サービスの価格が低くなると、その分多く消費したくなると考えられます。すなわち、価格が低下すると需要量が増えると考えられます。この状況を説明するために、限られた予算の範囲で可能な限り多くの財・サービスを消費したいと考えているような消費者を考えてみましょう。このような消費者にとって、価格が低下するということはその分多くの消費が可能になることを意味します。そのため、価格が低下すると需要量が増えることにな

ります。ただし、消費者が常に予算の範囲で可能な限り多くの財・サービスを消費したいと考えているとは限りません。価格の動きと需要量の動きの関係を掘り下げて考えることはとても奥が深い問題です。この点については次章で詳しく説明していきます。

ある1人の消費者の価格と需要量の関係を具体的に見てみます。例えば、部活帰りのお腹が空いている学生がコンビニエンスストアで、おにぎりを何個買おうかと考えている状況を想定してください。

表4.1のように、ある価格Pのもとでの消費者の需要量を表にまとめたものを**需要表**といいます。需要表にはもう一つの見方があります。150円のときの需要量が1個ということは、財・サービスを1個だけ購入するならば150円までなら支払ってもよいと考えていることと同じです。同様に、100円のときの需要量が2個ということは、2個目の財・サービスに対しては100円まで払ってもよいと考えていることになります。需要表はD個目の財・サービスの購入に対してP円まで支払ってもよいと考えているということを表しています。このように、財・サービスの購入に対して支払ってもよいと考える価格の上限は消費者にとっての**留保価格**となります。

表4.1 需要表

価格	需要量
200円	0個
150円	1個
100円	2個
50円	3個
0円	4個

表4.2 需要表（留保価格）

価格	需要量	留保価格
150円	1個目	150円
100円	2個目	100円
50円	3個目	50円
0円	4個目	0円

表4.1で示した需要表に留保価格を書き加えてみましょう。表4.2をみると、留保価格と価格Pとが等しいことが分かります。ここで、価格Pと留保価格の関係を整理します。D個目のある財・サービスについて、少なくともその価格が消費者の留保価格を上回らない、つまり価格$P \leq$留保価格という条件が満たされる限り、この消費者はD個目を購入します。

おにぎりのような財だと少しイメージしにくいですが、ガソリンのような液状のものや、スーパーでカットした状態で売られている野菜・果物のような財

であれば、数量が半分や4分の1個のようにより細かい単位で取引することもできます。もっと細かく取引できるとしたら、価格と需要量の関係はより細かいものになります。

2.2 需要関数と需要曲線

需要関数

ある価格が与えられたときにどれだけの財・サービスを需要するかという関係を示した式を**需要関数**といいます。表4.2で確認したように、価格が下落すると需要量が増加するのですから、需要関数は価格についての減少関数ということになります。なお、需要関数は価格$P \leqq$留保価格という条件を満たす価格Pの最大値、つまり価格$P =$留保価格という状況に注目しています。よって、需要関数に登場する価格はD個目の財・サービスを購入する際の留保価格を表していると解釈することができます。

需要関数がどのような数式で表現できるかは非常に重要な問題です。ここでは次のような1次関数で表現することにします。

$$D = B - AP \tag{4.1}$$

Dは財・サービスの需要量、Pは財・サービスの価格、Bは価格が限りなく0に近づいたときにその財・サービスがどれだけ需要されるのかを表す未知の定数（パラメータ）です。Aは価格が変化したときにどれだけ需要量が変化するかを表す未知の定数（パラメータ）です。表4.2で示した需要表は次のような需要関数として表現できます。

$$D = 4 - \frac{1}{50}P$$

この式から、価格が150円のときには需要量は1個（$P = 150$のとき$D = 1$）、価格が100円のときには需要量が2個（$P = 100$のとき$D = 2$）になっていることが確認できます。「価格が下落すると需要量は増加する」というこのような関係を**需要法則**といいます。

2 ● 需要曲線

図4.1　需要曲線

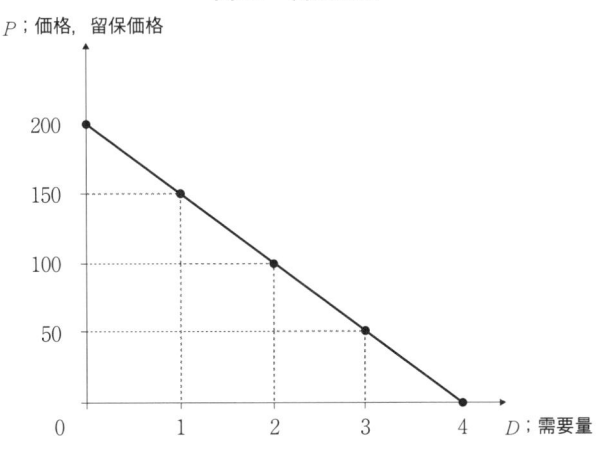

需要法則
価格が低下すると、需要量は増加する。

● 需要曲線

(4.1)式で示した需要関数について、価格 P が財・サービスの需要量 D の関数であるという形に書き直すと、次の式のようになります。

$$P = \frac{B}{A} - \frac{1}{A}D \tag{4.2}$$

この式を**逆需要関数**といいます。表4.2で示す需要表に従うと、逆需要関数は次のような式になります。

$$P = 200 - 50D$$

この**逆需要関数**について、**横軸を需要量** D、**縦軸を価格** P **とする平面上に図示したものを需要曲線といいます**。図4.1で示すように、需要曲線は需要量の単位をより細かく設定した場合の図に対応することが分かります。

第4章 ● 需要曲線と供給曲線

━━

例題 4 − 2
需要表と需要曲線

需要関数 $D = B - AP$ において、価格と需要量との関係が下の各需要表にまとめられている。このときの需要関数の未知の定数（パラメータ）A と B を求めてそれぞれの需要曲線（逆需要関数）の形で書き表しなさい。そして、各需要曲線を図示しなさい。

1.

価格	需要量
400 円	0 個
300 円	20 個
200 円	40 個
100 円	60 個
0 円	80 個

2.

価格	需要量
180 円	0 個
135 円	10 個
90 円	20 個
45 円	30 個
0 円	40 個

3.

価格	需要量
500 円	0 個
375 円	5 個
250 円	10 個
125 円	15 個
0 円	20 個

━━

需要曲線のシフト

もし、何らかの理由である財・サービスに対する消費者の留保価格が上昇したら、または価格が一定のもとで財・サービスの需要量が増加したらどうなるか考えてみましょう。例えば、テレビの情報番組などで何かの食料品が健康によいという報道がされたとします。そうすると、より高い価格を支払ってでもその食料品を購入したいと思うようになるかもしれません。この場合、財・サービスへの留保価格が上昇することになります。

表4.2で示した需要表の留保価格が表4.3のように変化したとします。このような留保価格の上昇は、需要曲線を上に押し上げることになります。この例で

表4.3　需要表（留保価格の変化）

需要量	留保価格（前）	⇒	留保価格（後）
1 個目	150 円	⇒	200 円
2 個目	100 円	⇒	150 円
3 個目	50 円	⇒	100 円
4 個目	0 円	⇒	50 円

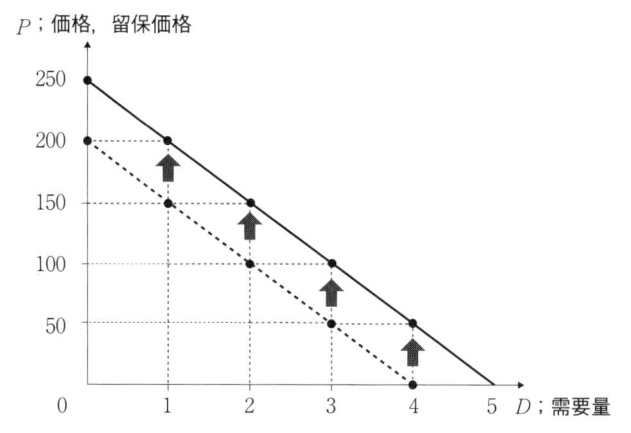

図4.2 需要曲線のシフト

は、逆需要関数が $P = 200 - 50D$ から、

$$P = 250 - 50D$$

へと変化していることになります。図4.2で示すように、一定の財・サービス需要量に対して消費者の留保価格が上昇するような場合、また、価格が一定であってもその財・サービスに対する需要量が増える場合、需要曲線自体が動くということが分かります。このような需要曲線自体の動きを**需要曲線のシフト**といいます。需要曲線のシフトは（逆）需要関数の定数項や傾きといった未知の定数（パラメータ）の変化によって表現することができます。

3 供給曲線

3.1 供給表

市場で取引される財・サービスは誰かによって**生産**されています。財・サービスを販売目的で生産する主体のことを**生産者**といいます。生産者は財・サー

第4章 ● 需要曲線と供給曲線

ビスの価格が与えられたときに、どれだけ生産し、販売するかを決定します。財・サービスの価格が与えられたときに生産者が販売したいと考える生産量のことを**供給量**といいます。財・サービスの価格と供給量の間にどのような関係があるか考えてみましょう。

通常、生産者は財・サービスの価格が高くなるとその分多く生産・販売したくなる、すなわち、価格が上昇すると供給量が増えると考えられます。この状況を説明するために、生産者は生産・販売することで収入を得る一方、財・サービスの生産・販売を行うのには費用がかかるという状況を考えましょう。このとき、生産者は収入から費用を差し引いた利潤をなるべく大きくするように生産・販売しようとしているとします[1]。

$$利潤 = 収入 - 費用 \quad (4.3)$$

生産者は生産したモノを販売するわけですが、生産したモノすべてを販売できるわけではなく、売れ残ったモノは在庫として倉庫に積みあがることもあります。この在庫の動きは実際の経済において非常に重要なのですが、生産されたモノのうちどれだけが販売され、どれだけが在庫となるかを考えるのは非常に難解です。そこで、ここでは

$$販売量 = 生産量$$

となると考えておきましょう。収入は次の式ように書き表すことができます。

$$収入 = 価格 \times 生産量 \quad (4.4)$$

(4.4)式を見ると、財・サービスの価格が上昇すると生産量を1単位増やすことによって得る収入も増加することが分かります。生産量を1単位増やすことで増加する収入とは財・サービスの価格に相当します。例えば、ある財・サービスを追加的に1個生産しようとするとき、その価格が100円の場合だと収入

---
[1] 会計学（簿記）における利益とは違う概念なので注意してください。この理由は経済学での費用の考え方と会計学での費用の考え方が異なるからです。**経済学での費用には機会費用の概念が含まれます**。この点については第6章で詳しく確認します。

の増加分は100×1＝100ですが、150円の場合だと収入の増加分は150×1＝150となり、後者のほうが収入は増加しています。一方で、生産量を1単位増やすとその分の費用も増えるでしょう。しかし、生産量を1単位増やすことで増加する費用よりも生産量を1単位増やすことで増加する収入のほうが多ければ、生産量を1単位増やすことで利潤が増加します。ここで、財・サービスの価格が上昇すると生産者はどうするでしょうか。生産者は、生産量を増やすことで増加する費用も考慮に入れながら、財・サービスをより多く生産しようと考えるわけです。

　ある1人の生産者の価格と供給量の関係を具体的に見てみましょう。例えば、コンビニエンスストアのマネージャーがおにぎりを何個販売しようと考えているかという状況を想定してください。表4.4のように、ある価格のもとでの生産者の供給量を示したものを**供給表**といいます。

表4.4　供給表

価格	供給量
150円	300個
100円	200個
50円	100個
0円	0個

　供給表にはもう一つの見方があります。100円のときの供給量が200個ということは、財・サービスを200個生産する場合、1個100円で売れればよいと考えているということになります。これは200個生産する場合、1個99円では嫌だけれど、100円以上ならよいということです。また、150円のときの供給量が300個ということは、財・サービスを300個生産する場合、1個150円で売れればよいと考えているということになります。これは300個生産する場合、149円では嫌だけど、150円以上ならよいということです。

　生産者は収入から費用を差し引いた利潤を獲得しようと考えているわけですから、200個の生産に対応する価格100円や300個の生産に対応する価格150円というのは生産者の財・サービスの生産に必要な費用と密接な関係があります。

　供給表はS個目の財・サービスの生産に対して最低でもP円以上を要求するということを表しています。このように、財・サービスの生産に対して要求

第 4 章 ● 需要曲線と供給曲線

する価格の下限は生産者にとっての**留保価格**となります。第 6 章で詳しく説明しますが、この留保価格は S 個目の財・サービスを生産するのに必要な費用を表しています。

表4.5 供給表（留保価格）

価格	供給量	留保価格
50 円	100 個目	50 円
100 円	200 個目	100 円
150 円	300 個目	150 円

表4.4で示した供給表について、供給量を少ないほうから並び替えてそこに留保価格を書き加えたものを表4.5に示します。これをみると、留保価格と価格 P とが等しいことが分かります。ここで、もう一度価格 P と留保価格の関係を整理します。S 個目のある財・サービスについて、少なくともその価格が生産者の留保価格を下回らない、つまり価格 $P \geqq$ 留保価格という条件が満たされる限り、この生産者は S 個目を生産します。

おにぎりのような財だと少しイメージしにくいですが、量り売り可能な財（液体やお惣菜など）や、スーパーでカットした状態で売られているような野菜・果物のような財であれば数量が半分や4分の1個のように細かい単位で取引することもできます。もっと細かく取引できるとしたら価格と供給量の関係はより細かいものになります。

3.2 供給関数と供給曲線

供給関数

ある価格が与えられたときにどれだけの財・サービスを供給するかという関係を表した式を供給関数といいます。表4.5で示したように、価格が上昇すると供給量が増加するわけですから、供給関数は価格についての増加関数ということになります。なお、供給関数は価格 $P \geqq$ 留保価格という条件を満たす価格 P の最小値、つまり価格 $P =$ 留保価格という状況に注目しています。そのため、供給関数に登場する価格は財・サービスを生産する際の留保価格（S

個目の財・サービスを生産するのに必要な費用）を表していると解釈することができます。

　供給関数がどのような数式で表現できるかは非常に重要な問題です。ここでは、次のような1次関数で表現することにします。

$$S = NP \tag{4.5}$$

P は財・サービスの価格、S は財・サービスの供給量、N は価格の変化に対してどれだけ生産量が変化するかを表す未知の定数（パラメータ）です。

　表4.5で示す状況は、次のような供給関数によって表現することができます。

$$S = 2P$$

この式からは、価格が50円のときには供給量は100個、価格が100円のときには供給量が200個になっていることが確認できます。「価格が上昇すると供給量は増加する」というこのような関係を**供給法則**といいます。

供給法則

価格が上昇すると、供給量は増加する。

●供給曲線

　(4.5)式で示した供給関数について価格 P が財・サービスの供給量 S の関数であるという形に書き直すと、次の式のようになります。

$$P = \frac{1}{N}S \tag{4.6}$$

この式を**逆供給関数**といいます。表4.5で示す供給表に従うと、逆供給関数は次のような式になります。

$$P = \frac{1}{2}S$$

この逆供給関数について、横軸を供給量 S、縦軸を価格 P とする平面上に図

第 4 章 ● 需要曲線と供給曲線

図4.3 供給曲線

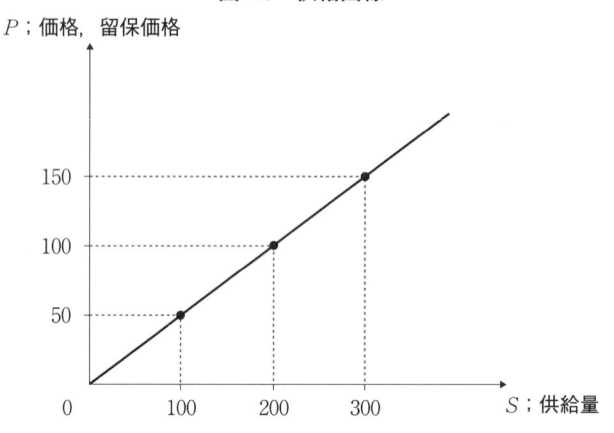

示したものを**供給曲線**といいます。図4.3で示すように、供給曲線は供給量の単位をより細かく設定した場合の図に対応することが分かります。

例題 4 - 3
供給表と供給曲線

供給関数 $S = NP$ において、価格と供給量との関係が下の各供給表にまとめられている。このときの供給関数の未知の定数（パラメータ）N を求めてそれぞれを供給曲線（逆供給関数）の形で書き表しなさい。そして、各供給曲線を図示しなさい。

1.

価格	供給量
400 円	80 個
300 円	60 個
200 円	40 個
100 円	20 個
0 円	0 個

2.

価格	供給量
220 円	60 個
165 円	45 個
110 円	30 個
55 円	15 個
0 円	0 個

3.

価格	供給量
510 円	15 個
340 円	10 個
170 円	5 個
0 円	0 個

供給曲線のシフト

もし、何らかの理由である財・サービスに対する生産者の留保価格が低下したら、または価格が一定のもとで財・サービスの供給量が増加したらどうなるか考えてみましょう。例えば、生産のための人件費が低下したり原材料費が低下したりする状況です。このとき、同じ生産量であってもその生産に必要な費用が低下するので、留保価格も低下します。

表4.5で示した供給表の留保価格が表4.6のように変化したとします。このような留保価格の低下は、供給曲線を下に押し下げることになります。

表4.6 供給表（留保価格の変化）

供給量	留保価格（前）	⇒	留保価格（後）
100個目	50円	⇒	25円
200個目	100円	⇒	50円
300個目	150円	⇒	75円

この例では、逆供給関数が $P = \frac{1}{2}S$ から、

$$P = \frac{1}{4}S$$

へと変化していることになります。図4.4で示すように、一定の財・サービス供給量に対して生産者の留保価格が低下するような場合、また、価格が一定であってもその財・サービスに対する供給量が増える場合、供給曲線自体が動くということが分かります。このような供給曲線自体の動きを**供給曲線のシフト**といいます。供給曲線のシフトは（逆）供給関数の傾き（未知の定数（パラメータ））の変化によって表現することができます。

4 需要曲線・供給曲線と経済行動

本章で紹介した需要曲線や供給曲線は財・サービスの価格と需要量・供給量とがそれぞれどのように関係しているかを表すものです。価格理論はこれらを用いて、市場においてどのような取引量、価格が決まるかを分析します。ここ

第4章 ● 需要曲線と供給曲線

図4.4 供給曲線のシフト

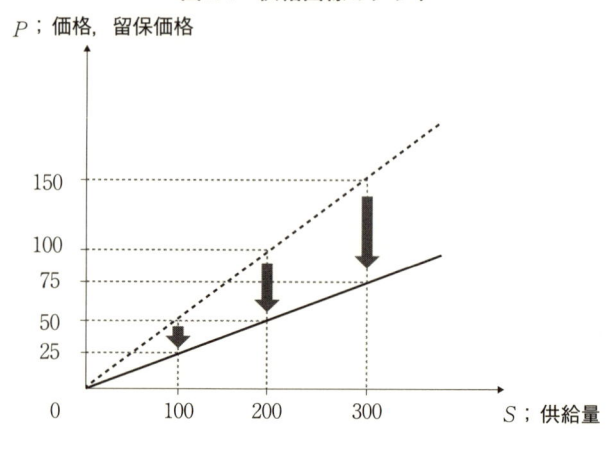

P；価格，留保価格／S；供給量

で紹介した需要曲線や供給曲線の解釈は「価格が下がると買いたい量が増える」とか「価格が上がると売りたい量が増える」という感覚的なものでした。このような感覚的な関係はどのような論理の下に導かれるのでしょうか。この問題を考えることは、消費者や生産者がどのような意思決定を行っているのかを分析することに他なりません。第5章では消費者の意思決定と需要曲線の関係を、第6章では生産者の意思決定と供給曲線の関係をそれぞれ説明します。そして、第7章では需要曲線と供給曲線を使った市場取引の分析を説明します。

例題 4-4
正誤問題（需要法則と供給法則の理解の確認）

以下の問題文を読み、正しいか誤っているか答えなさい。

1. 需要法則とは需要量と価格の関係についての法則で、価格が上昇すると需要量も増加する。
2. 需要法則とは需要量と価格の関係についての法則で、価格が上昇すると需要量は低下する。
3. 需要法則とは需要量と価格の関係についての法則で、価格が低下すると需要

量は増加する。
4．需要法則とは需要量と価格の関係についての法則で、価格が低下すると需要量も低下する。
5．供給法則とは供給量と価格の関係についての法則で、価格が上昇すると供給量も増加する。
6．供給法則とは供給量と価格の関係についての法則で、価格が上昇すると供給量は低下する。
7．供給法則とは供給量と価格の関係についての法則で、価格が低下すると供給量は増加する。
8．供給法則とは供給量と価格の関係についての法則で、価格が低下すると供給量も低下する。

第 5 章　消費者理論

1　消費者の直面するトレードオフ

　本章では、人々が「何かを買うかどうか」の合理的な意思決定について考えていきます。購買行動についての意思決定をする主体を経済学では、**消費者**といいます。また、消費者が買うかどうかを決める「何か」とは、たいていの場合、物質的なモノか非物質的なモノです。物質的なモノを**財**、非物質的なモノを**サービス**といい、合わせて**財・サービス**というわけです。

　たいていの消費者は使える金額に限度があり、ある財・サービスを買うためにお金を使うことは他の財・サービスを買うことができなくなることを意味します。経済学的には、**ある財・サービスを買うことの機会費用は、それを買わなければ買えたであろう他の財・サービスの価値**ということになります。通常、消費者が使える金額の限度のことを**予算**といい、予算の範囲内でやりくりしなければならないことを**予算制約に直面している**といいます。

　一方、人が何かを買うのは、それを買って**消費**することで便利になったり満足できたりするからです。何かを消費したことで得られる満足度を**効用**と表現します。経済学では、人が何かを購入するのは「その人が購入した何かを消費（食べたり使ったり）することに満足を見出しているから」だろうと考えます。人々が何かを買うことのインセンティブとは**消費して効用を上げる**ためであるといえます。

　したがって、消費者は、限られた予算の範囲内で何かの財・サービスを消費して効用を引き上げようとすると、物理的に他の財・サービスの消費量を減らさなければならなくなるという**トレードオフに直面している**といえます。このようなトレードオフのもとで、最も効用を高くする消費量の選択とは何かを考えていきましょう。

第 5 章 ● 消費者理論

1.1　予算制約

　多くの消費者は限られた予算の範囲内で日々生活しています。たくさん消費してしまえばその分手元のお金は少なくなってしまいますし、お金を多く保有しようとしたら消費を引き下げなければなりません。このように、**トレードオフ**の関係があるわけです。この状況を描写してみましょう。

　まず、所得を I とします。毎月入ってくる給料のようなものを考えてもよいですし、財布の中に入っている金額と考えてもいいでしょう。とにかく、今使うことのできる金額とします。財・サービスの消費量を c とします。ある財・サービスの価格を P で表すと、財・サービスの購入額は $P \times c = Pc$ となります。また、所得のうち使わないで残しておく分を貨幣保有量 m と表記します。財・サービスの購入額 Pc と手元に残しておく貨幣保有量 m の合計額を支出と考えましょう。所得と支出は一致するので以下の**予算制約式**が得られます。

$$\underbrace{I}_{\text{所得}} = \underbrace{Pc + m}_{\text{支出}} \tag{5.1}$$

(5.1)式を見ると、手持ちの所得 I から財・サービスに対する支払い額 Pc を差し引いたものが残金 m となっているわけですから、この人の予算制約式は次のような形に変形することもできます。

$$m = I - Pc \tag{5.2}$$

(5.2)式から、所得 I が変わらなければ、消費しすぎると貨幣保有量が減ってしまうことが確認できます。

　(5.2)式を横軸を c、縦軸を m となる平面上に図示したものが図5.1です。この右下がりの直線を**予算制約線**といいます。予算制約線は横軸を消費量 c、縦軸を貨幣保有量 m とする平面上で選択可能な消費量 c と貨幣保有量 m の組み合わせを表しています。予算制約線の下側は $m < I - Pc$ となっています。すなわち、所得から財・サービス購入の支払い額を引いた差額（$I - Pc$）よりも手元の貨幣保有量（m）のほうが少なくなっています。1000円持っていて

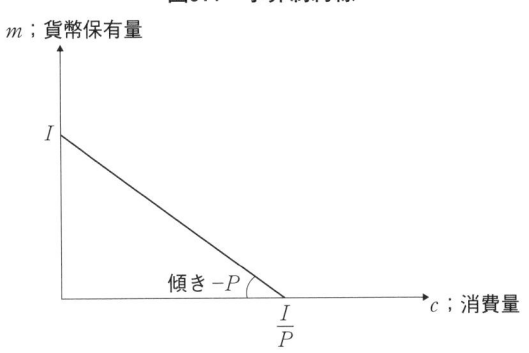

図5.1 予算制約線

m；貨幣保有量

I

傾き $-P$

$\dfrac{I}{P}$

c；消費量

800円のモノを買ったのに財布の中に100円しか残っていないような状態です。このような財・サービスの購入量と貨幣保有量の組み合わせは選択しませんので、予算制約線の下側を選択することは通常ありません。逆に、予算制約線の上側は $m > I - Pc$ となっています。すなわち、所得から財・サービス購入の支払い額を引いた差額（$I - Pc$）よりも、手元の貨幣保有量（m）のほうが多くなっています。1000円持っていて800円のモノを買ったのになぜか財布の中に300円もあるというような状態です。このような財・サービスの購入量と貨幣保有量の組み合わせは選択できませんので、予算制約線の上側を選択することもありません。

予算制約線は消費量 c を増やすと貨幣保有量 m が減るので右下がりの直線として描けます。消費量 c が0の場合は、所得すべてが貨幣保有量となります。そのため、予算制約線の縦軸の切片は所得の大きさに相当します。また、貨幣保有量 m が0の場合は、所得を使い切って財・サービスを購入することになります。そのため、予算制約線の横軸の切片は $\dfrac{I}{P}$ となります。財・サービスの消費量を1単位引き上げるごとに貨幣保有量が P 減っていくので予算制約線の傾きは $-P$ となります。

ここで、**価格 P が一定のもとで**所得が低い場合 I_1 と高い場合 I_2 で予算制約線がどのように異なるかを確認してみましょう。このとき、図5.2のように、縦軸の切片は上側に、横軸の切片は右側に位置し、全体として予算制約線は上に平行移動した形で描けます。すなわち、所得が高い場合のほうが予算制約線

第5章 ● 消費者理論

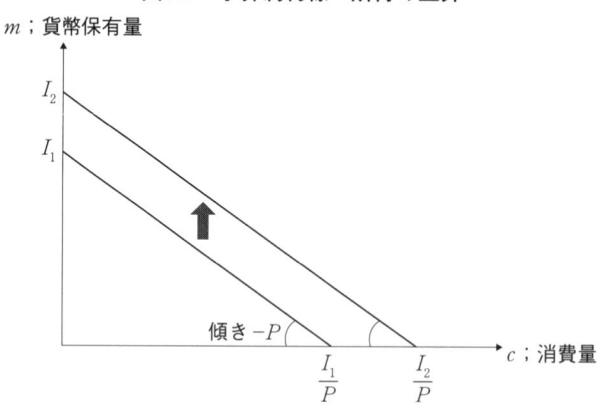

図5.2　予算制約線：所得の上昇

は右上に描けることが分かります。このように、同じ消費量 c を選択したとしても、所得が高いときには残すことのできる貨幣保有量 m も多くなることが分かります。

次に、**所得 I が一定のもとで財・サービスの価格が上昇すると予算制約線がどのように変化するか**を確認してみましょう。財・サービスの価格が低い P_1 から高い P_2 へ変化するとします。このとき、図5.3のように、縦軸の切片は変化せず横軸の切片のみが $\frac{I}{P_1}$ から $\frac{I}{P_2}$ と左へ移動することが分かります。この状況は、財・サービスを一切購入しない（$c = 0$ を選択した）場合に残すことができる貨幣保有量は $m = I$ で変わらないが、消費量を増やしていくにつれてより少ない貨幣保有量しか残らないということを意味します。

1.2 効用関数

消費者理論を学ぶにあたって、このテキストでは「消費者はあるひとつの財・サービスを消費することから効用を得るのに加えて、手元にあるお金、すなわち貨幣を保有することからも効用を得る」と考えて議論を進めます。貨幣はいざというときにその他の財・サービスと交換することも可能です[1]。このように考える理由は、これから学ぶ消費者の効用最大化問題をより分かりやすくするためです。消費者が一般的な財・サービスを消費することで効用を得る

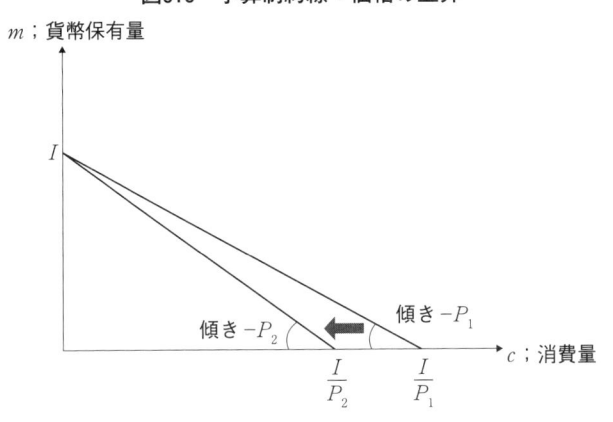

図5.3 予算制約線：価格の上昇

と考える場合、「飽きる」という感情を考慮する必要があります。この飽きるという感覚を表現するために、このテキストでは効用関数として2次関数を想定します。一方で、消費者が手元にあるお金（貨幣保有量）から効用を得ると考える場合は「飽きる」という状況を考慮しなくてもよいと考えることもできます。「お金はいくらあっても困るものではない」とよく言うように、お金をより多く保有することに飽きるという状況は考えにくいでしょう。よって、この場合は効用関数として1次関数を想定することにします。このように、このテキストでは消費者の効用関数が「ある財・サービスの消費量に関しては2次式」で「貨幣保有量に関しては1次式」になっている（効用関数が準線形である）と仮定します。この仮定によって、みなさんが数学的手法を用いて消費者の効用最大化問題を解くことの困難さ（計算の難しさ）が軽減します。

また、この仮定は消費者余剰を議論するときにも有用です。ただし、消費者

---

[1] 貨幣保有から効用を得るという仮定は通常のミクロ経済学のテキストではあまり用いられませんが、マクロ経済学では money in the utility としてよく使われています。意味としては、貨幣はいざというときに使うことができる便利な決済手段・資産（流動性の高い資産）であるため、消費者は貨幣を保有すること自体に価値を見出しているということになります。また、第3章1.1節で説明したように、貨幣を交換手段として用いることで物々交換する場合よりも取引相手を探す時間を節約することができます。この節約時間を自由時間（余暇時間）に充てると考えれば、より多くの自由時間を消費することで効用が増加すると解釈することもできます。

第5章 ● 消費者理論

余剰の議論を正確に行うには、消費者が財・サービスに支出する割合は全体の予算と比べてかなり小さいという状況（例えば、財布にそこそこのお金が入っている状況で、ある日用品を購入するような場合）を考える必要があるということに注意してください[2]。

それでは、ここからは「消費者はどれだけの財・サービスを消費してどれだけの貨幣を残しておくことが望ましいのか」を考えていきましょう。消費者が消費を行うのは「効用を引き上げる」という動機があるからだと説明しました。これは、効用というものは消費に依存して決まるということを意味します。同様に、貨幣があればそれを使って他の財・サービスを購入することもできるわけですから、貨幣を残しておくことにも効用が発生すると考えられます。消費量 c や貨幣保有量 m と効用の関係を表す関数を**効用関数**といいます。

●貨幣保有量が増えると効用は単調に増加する

消費量や貨幣保有量と効用の間にはどのような関係があるでしょうか。すなわち、効用関数はどのように定式化するのが妥当でしょうか。まずは、貨幣保有量と効用の関係について考えてみましょう。通常、貨幣を多く保有していればその分多くの財・サービスを購入することもできます。本章の1節で述べたように、お金はいくらあっても困るものではありません。したがって、貨幣を多く保有していればしているほど高い効用を得ることができると考えられます。そこで、次のことがいえそうです。

1. 貨幣保有による効用 u_1 は貨幣保有量 m の増加関数である。

このような関係を表現する最も簡単な関数形は直線です。直線とは、1次関数で表現できる関係のことです。例えば、

$$u_1 = 6m$$

---

[2] ここでは所得効果がない状況（所得が変化しても財・サービスの需要量は変化しない状況）を考えています。このような特殊な仮定を置くことの意義に興味のある人は、例えば神取道宏『ミクロ経済学の力』（2014年、日本評論社）を参考にしてください。

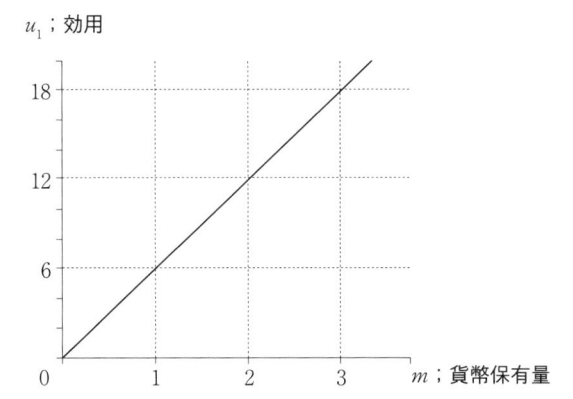

1 ● 消費者の直面するトレードオフ

図5.4　直線の効用関数（線形効用関数；$u_1 = 6m$ の例）

u_1；効用

m；貨幣保有量

というような形が考えられるでしょう。1次関数で表現される効用関数は図5.4のように直線で表現することができます。このような形の効用関数を線形効用関数といいます。線形効用関数は、**貨幣保有量を1単位増加させたときに効用が一定の割合で上昇していくこと**を意味しています。例えば貨幣保有量が1のときは効用は6、貨幣保有量が2のときは効用は12、貨幣保有量が3のときは効用は18となります。貨幣保有量が1単位増加するごとに効用は6ずつ上昇していくわけです。このように、線形効用関数は貨幣保有量を増やせば増やすほど効用がどんどん高まっていくことを表すことができます。ここでは、

$$u_1 = Am \tag{5.3}$$

という式で表現することにしましょう。A は貨幣保有量の変化によってどのぐらい効用が変化するかを表す未知の定数（パラメータ）です。

● 財・サービスの消費量が増えると効用は増えるが増やし過ぎると飽きてくる

　次に財・サービスの消費量と効用の関係について考えてみます。例えば、部活帰りのお腹が空いているときに、コンビニエンスストアのおにぎりを2、3個食べるという経験はないでしょうか。なぜ1個ではなく2、3個食べるのかというと、1個では足りないからでしょう。食欲を満たすことで得られる効用

は、食べる量や質に応じて増加すると考えられます。女子学生であればおしゃれなバックは1つだけあるよりは2つや3つと数が多いほうがうれしいと思うかもしれません。そのため、消費量が増えれば効用は増加していくと考えられます。

それでは、消費量が増えれば増えるほど効用もどんどん高まっていくのでしょうか。これについては複雑です。例えば、食べ物であれば食べ過ぎれば飽きてしまうでしょう。食欲が満たされるにつれ、追加的におにぎりを食べることから得られる効用の増え方は低下します。他方、女性が靴やバックを欲しがる行動については、あればあるほどもっと欲しいと思うかもしれませんが、まったく同じものであれば何個もあってもしょうがないため、うれしさはそれほど上昇しないでしょう。このように、消費量が増えていくにしたがってその追加的な消費の増加による効用の増分は低下する、つまり飽きてくると考えられます。このような「飽きてくる」ことを次のように表現します。

2．財・サービスの消費量が増えていくと、その追加的な消費量の増加による効用の増分は低下する。

消費量をわずかに増やしたときに効用が増加する程度を**限界効用**といいます[3]。消費量が増えることによって効用の増加の程度（限界効用）が次第に下がることを**限界効用が逓減する**と表現します。財・サービスの消費による効用を u_2 と表せば、限界効用が逓減するような効用関数としては、

$$u_2 = -c^2 + 6c$$

というような形が考えられ、図5.5のような曲線として図示できます。このような効用関数を2次型効用関数といいます。この場合、消費量が1のときに効用は5、消費量が2のときに効用は8、消費量が3のときに効用は9となります。消費が1から2へ1単位増加した場合の効用の増分は8−5＝3、消費が2から3へ1単位増加した場合の効用の増分は9−8＝1です。このような性

---

[3] 「限界効用」は marginal utility の訳語ですが、イメージとしては追加的効用です。消費量を1単位追加したときにどれだけ効用が追加的に高まるかを表します。

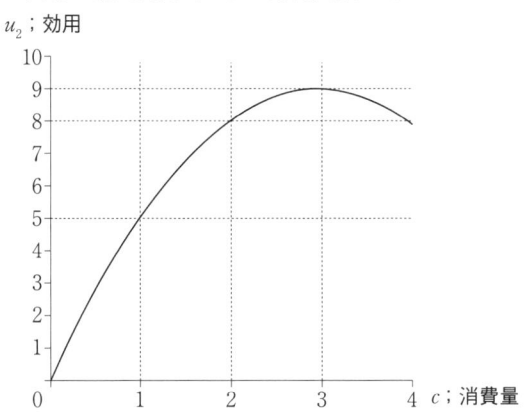

図5.5 曲線の効用関数（2次型効用関数；$u_2 = -c^2 + 6c$ の例）

質を限界効用の逓減といいます。

「飽きる」感覚を表現できる関数として、これからは以下の2次関数を想定していきます。

$$u_2 = -\frac{1}{2}c^2 + Bc \tag{5.4}$$

B は消費量 c と効用 u_2 の関係を表す未知の定数（パラメータ）です。何も消費しないとき、すなわち $c=0$ のときには効用も0になります。2次の項の係数が負になっていることから、山型の放物線になっていることも分かるでしょう。2次の項の係数が $\frac{1}{2}$ となっているのは計算した結果が簡単な形になるための工夫で、あまり深い意味はありません。

それでは、未知の定数（パラメータ）B にはどのような意味があるでしょうか。解の公式を利用してこの2次関数の頂点の座標を調べてみましょう。

復習：解の公式

2次方程式 $ax^2 + bx + c = 0$ の解は

$$x = -\frac{b}{2a} \pm \frac{\sqrt{b^2 - 4ac}}{2a}$$

第5章 ● 消費者理論

　2次関数は左右対称なので、頂点は2次関数とx軸（$y = 0$）との交点のちょうど真ん中にあります。解の公式を確認すると、xの2つの解は$-\frac{b}{2a}$を中心として$+\frac{\sqrt{b^2-4ac}}{2a}$と$-\frac{\sqrt{b^2-4ac}}{2a}$となるので、真ん中は$-\frac{b}{2a}$です。つまり、頂点の$x$座標は$-\frac{b}{2a}$となります。解の公式を利用して (5.4) 式の頂点の座標を求めてみましょう。(5.4) 式は消費量cと効用u_2との関係を表しているので、解の公式のyをu_2、xをcと見なせばよいのです。(5.4) 式の場合、$a = -\frac{1}{2}$、$b = B$、$c = 0$ですので、頂点のc座標は

$$c = -\frac{b}{2a} = -\frac{B}{2 \times \left(-\frac{1}{2}\right)} = B$$

となります。

　(5.4) 式のBの値が4の場合の2次関数を図示すると図5.6のようになります。$c = B = 4$を**効用の飽和点**といいます。4よりも右側（$c > 4$）では、この関数は減少関数となってしまいます。すなわち、消費量を4よりも多くすればするほど、効用が低下することになります。人が何かを購入するときの意思決定においては、「追加的に購入量を増やすかどうか」が重要になります。例として、部活帰りにコンビニエンスストアでおにぎりを3個食べた状況を詳しく考えてみましょう。「だいたい自分が何個くらい食べたいかを見積もって1個か2個くらい注文して、そのあとに、もう止めておくかもう1個追加して食べるか考える。食べ終わったら、さらにもう1個食べるかどうかを考える」ということを続けていると解釈すれば、4個食べた段階でさらにもう1個食べるかどうかを考えた結果、もうやめておこうと判断し最終的に4個になったということになるでしょう。これはおにぎりを追加的に1個食べることから得られる**効用の追加的な増加**が意思決定に際して重要な役割を果たしているということになります。このように、経済学では意思決定に際して追加的に何をするのが望ましいのかという観点からの判断を重視します[4]。

　ここまでの議論で仮定した効用関数の性質は次の2点です。

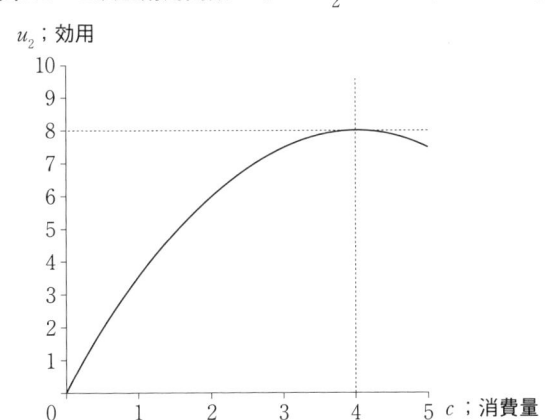

図5.6 2次型効用関数；$u_2 = -\frac{1}{2}c^2 + Bc$ で $B = 4$ の例

効用関数の性質

1. 貨幣保有量が増加すると効用は単調に増加する。
2. 消費量が増加していくと、その追加的な消費量の増加による効用の増分は逓減する。

　もちろん消費と効用との関係には、これ以外にもさまざまな性質があるでしょう。オンラインゲームのように参加者（消費者）が多くなるほど楽しくなるというような「他の人が消費しているものを消費することによって効用が上がる」ものもあるでしょう。逆に、おしゃれなファッションのように「他の人が消費していないようなものを消費することで効用が高くなる」などとも考えら

---

4 経済学では"marginal"という言葉がよく出てきます。marginalとはあるモノ（xとしましょう）と別のあるモノ（yとしましょう）に何らかの関係があり、xがほんの少し変化したときにyがどれだけ変化するかを表す概念です。経済学はあるモノ・コトと他のモノ・コトとの関係を緻密に考える学問なので、この概念が重要になります。

第5章 ●消費者理論

れます。また、ここで考えている性質が必ずしも妥当でないこともあります。「ビールは飲めば飲むほど美味しいから、ビールの追加的効用は逓増する（次第に増える）」という人もいるでしょう。しかし、最初から現実的で複雑な状況を考えるのは大変です。そこで、ここでは一般的に当てはまっていそうで単純なこの2つの仮定に着目しているわけです。

財の消費と貨幣の保有から得られる効用

ここまでの内容を振り返ると、消費者は財・サービスを消費することから効用を得る一方、貨幣を保有することからも効用を得るという状況を考えてきました。そして、消費者の効用関数を「ある財・サービスの消費量に関しては2次式」で「貨幣保有量に関しては1次式」で表すことを説明しました。それでは、財・サービスの消費と貨幣保有という2つの選択から得られる最終的な消費者の効用をどのように表現したらよいのでしょうか。議論を分かりやすくするために、ここでは効用 U を貨幣保有量 m から得られる効用 u_1 と財・サービスの消費量 c から得られる効用 u_2 を単純に足し合わせた形で表現できるとします。

$$U = u_2 + u_1 = \underbrace{-\frac{1}{2}c^2 + Bc}_{\text{財・サービス消費による効用}} + \underbrace{Am}_{\text{貨幣保有による効用}} \tag{5.5}$$

● ●

例題 5-1
穴埋め問題（消費者行動の用語確認）

以下の問題文の空欄を埋めなさい。

1. 経済学では、購買行動についての意思決定をする主体を 1 という。そして、 1 が買うかどうかを決める「何か」のうち物質的なモノを 2 、非物質的なモノを 3 という。

2. たいていの 1 は使える金額に限度があり、その範囲内でやりくりしなければならない。このことを 4 に直面しているという。例えば、財布

の中に1万円あったとしても、ある 2 ・ 3 を買うためにお金を使えば手元に残るお金（貨幣保有量）は減るという 5 の関係がある。この場合、ある 2 ・ 3 を買うことの 6 は、それを買わなければ手元に残るお金（貨幣保有量）に相当する。

3. ここで、 1 は 2 ・ 3 を 7 することと貨幣を保有することから満足度を得ると考えよう。この満足度のことを経済学では 8 という。そして、 8 が 7 量や貨幣保有量に依存して決まるという関係を表す関数を 9 という。

4. 1 は 4 のもとで、 2 ・ 3 の 7 量と貨幣保有量の望ましい配分を考えている必要がある。これを 1 の 10 問題を解くという。

5. 7 量や貨幣保有量と 8 の間にどのような関係があるかは 9 の定式化によって示される。この定式化のうち、 7 量が増えていくとその追加的な 7 量の増加による 8 の増分は低下するという 9 の性質を 11 の法則という。

● 例題 5-2 ●
効用関数の計算（数値例）

以下の2次型効用関数について、下記の表に $B=2$ の場合と $B=5$ の場合の c の値をそれぞれ計算して記入し、それを図示しなさい。

$$u = -\frac{1}{2}c^2 + Bc \tag{5.6}$$

c	0	1	2	3	4	5	6
$B=2$							
$B=5$							

例題 5-3
効用関数の計算（数値例からパラメータ）

ハンバーガーを何個食べるかという問題を考える。ハンバーガーを食べる個数を c、ハンバーガーを食べることから得られる効用を u とする。ハンバーガーを食べることから得られる効用が以下のように表せるとする。

$$u = -Ec^2 + Bc \tag{5.7}$$

u を図で書き表すと以下のようになる。図に示す座標の数値から（5.7）式の E と B の値を求めなさい。

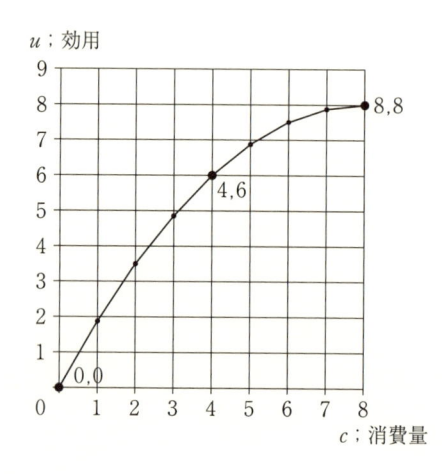

1.3 無差別曲線

効用関数はある財・サービスの消費量 c と貨幣保有量 m が与えられたときの効用を表しています。ここで、**ある一定の効用水準 $\bar{U}_1$ を与えるような財・サービスの消費量 c と貨幣保有量 m の組み合わせ**というものを考えてみましょう。

$$U = \bar{U}_1$$

効用関数は c と m の増加関数です。よって、効用を一定の水準 $\bar{U}_1$ に保つならば、財・サービスの消費量を引き上げたときには貨幣保有量は少なくて済みます。逆に、財・サービスの消費量を引き下げたときには貨幣保有量を増やす必要があります。すなわち、効用を一定の水準に保つような財・サービスの消費量 c と貨幣保有量 m の組み合わせを考えた場合、c を増やすと m が減るという関係があることに気がつきます。

このことを順番に確認していきましょう。消費者の効用関数は(5.5)式で表現しました。ここで、図で分かりやすく示すために、2つの未知の定数(パラメータ) A と B を $A = 1$、$B = 5$ として表現しなおし、(5.8)式のように示します。

$$U = -\frac{1}{2}c^2 + 5c + m \qquad (5.8)$$

ここで、一定の効用水準を $\bar{U}_1 = 19$ とします。効用を一定の水準に保つということは、$U = \bar{U}_1$ となる場合を考えればよいということです。そこで、以下のように式を書きかえてみましょう。

$$\bar{U}_1 = 19 = -\frac{1}{2}c^2 + 5c + m \qquad (5.9)$$

c を増やすと m が減るという関係を確認するために、(5.9)式を $m =$ の形に書きかえてみると、

$$m = \frac{1}{2}c^2 - 5c + 19 \qquad (5.10)$$

となります。この式を縦軸を m、横軸を c とする平面で図示したのが図5.7です。そうすると、縦軸の切片が19、$c = 5$ で頂点をもつ下に凸な曲線になることが分かります。この曲線上の c と m の組み合わせは、すべて同じ効用水準 $\bar{U}_1 = 19$ を与えているため、効用の観点からは違いがなく無差別だといえます。そこで、この曲線のことを**無差別曲線**といいます。

次に、$\bar{U}_1$ よりも高い効用水準 $\bar{U}_2$ を与えるような無差別曲線を考えてみるために、$\bar{U}_2 = 25$ となる場合を確認しましょう。$\bar{U}_2 = 25$ となる場合の無差別曲線は、図5.8で示すように、縦軸の切片が25、$c = 5$ で頂点をもつ下に凸な曲線になることが分かります。この無差別曲線は (5.10) 式を上側に6だけ平行

図5.7 無差別曲線（効用水準が一定 $\bar{U}_1 = 19$）の場合

図5.8 無差別曲線（効用水準が一定 $\bar{U}_2 = 25$）の場合

$\bar{U}_1 = 19$ の場合

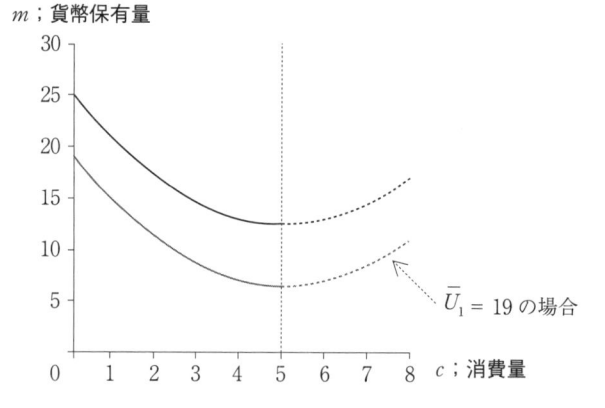

移動させた曲線です。この2本の無差別曲線を見比べると、上の無差別曲線で示す財・サービスの消費量と貨幣保有量の組み合わせのほうがより高い効用を与えることが分かります。

　この平面上では、どの点（財・サービスの消費量と貨幣保有量のどの組み合わせ）でもその財・サービスの消費量と貨幣保有量に対応する効用が与えられます。そして、ある財・サービスの消費量と貨幣保有量の組み合わせから得られる効用と同じ水準の効用を与える他の財・サービスの消費量と貨幣保有量の組み合わせは、同じ無差別曲線の上にあることになります。一般に、右上にあ

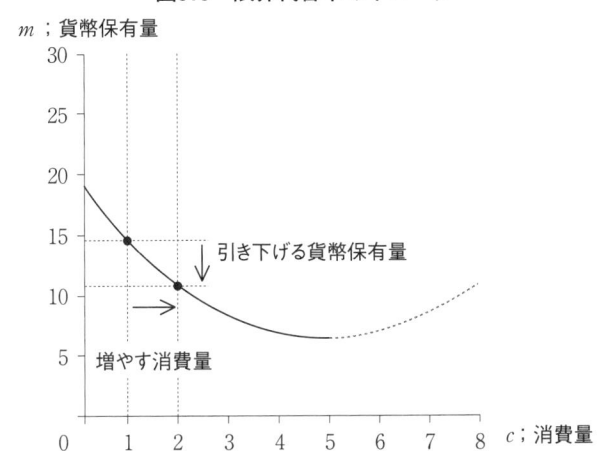

図5.9 限界代替率のイメージ

る無差別曲線ほど高い効用を与えることになります。

限界代替率

ここで、無差別曲線の傾きの意味を考えてみましょう。無差別曲線上にあるすべての財・サービス消費量と貨幣保有量の組み合わせは等しい効用を与えます。そのため図5.9のように、例えば効用水準 $\bar{U}_1 = 19$ となる無差別曲線 $\bar{U}_1 = 19 = -\frac{1}{2}c^2 + 5c + m$ において、ある財・サービスを1個からひとつ追加して2個に増やした場合、同じ効用水準を保つには貨幣保有量を14.5から11へ3.5だけ引き下げる必要があります。

ある財・サービスの消費量の数え方をもっと小さくしていくと、図5.9で示す無差別曲線上の2点を通る右下がりの直線は、無差別曲線上の1点を通る直線（すなわち、無差別曲線の接線）として示されます。この接線の傾き（の絶対値）は、効用の水準を一定とした場合の財・サービス消費量 c の限界的な増加に対する貨幣保有量 m の限界的な減少分を表しています。これを**限界代替率**といいます。

第5章 ● 消費者理論

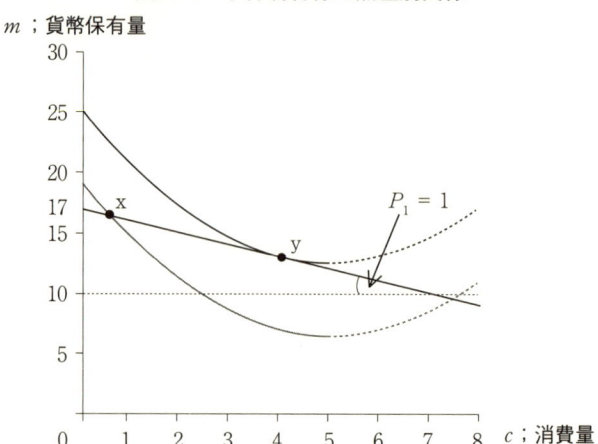

図5.10　予算制約線と無差別曲線

1.4　最適な消費量・貨幣保有量の決定

　無差別曲線と予算制約線を利用すると最適な財・サービスの消費量 c と貨幣保有量 m を決めることができます。図5.10は縦軸を貨幣保有量 m、横軸を消費量 c とする平面上に予算制約線と無差別曲線を描いたものです。右下がりの直線は予算制約線で、消費者はこの線上にある財・サービスの消費量 c と貨幣保有量 m の組み合わせを選択できます。ここでは予算制約式が

$$m = 17 - c \tag{5.11}$$

となる場合を示しています（価格 $P_1 = 1$）。一方、予算制約線は2本の無差別曲線と交差するあるいは接しているのが分かります。そのうち、点xを通る無差別曲線は図5.7と同じ

$$m = \frac{1}{2}c^2 - 5c + 19 \tag{5.12}$$

として、点yを通る無差別曲線は図5.8と同じ

$$m = \frac{1}{2}c^2 - 5c + 25 \tag{5.13}$$

としています。

ここで、点xと点yを見比べてみましょう。点xと点yで示される財・サービスの消費量cと貨幣保有量mの組み合わせはともに予算制約を満たしています。しかし、無差別曲線に注目すれば、点yで示される財・サービスの消費量cと貨幣保有量mの組み合わせのほうが点xで示される財・サービスの消費量cと貨幣保有量mの組み合わせよりも効用は高いことが分かります。消費者は限られた予算の中で自分の効用を最も高くする消費量と貨幣保有量を選択すると考えるわけですから、消費者は点yで示される財・サービスの消費量cと貨幣保有量mの組み合わせのほうを選択することになります。なお、予算制約線は、点yを通る無差別曲線よりも高い効用を与える無差別曲線とは交わりません。すなわち、点yが効用を最も高くする消費量と貨幣保有量の組み合わせとなります。

　さらに点yに注目しましょう。点yでは無差別曲線に予算制約線が接しています。無差別曲線の接線の傾きは限界代替率であることを先ほど確認しました。一方で、予算制約線の傾きは財・サービスと貨幣との交換比率、つまり、価格を表しています[5]。このように、効用の観点から消費者の最も望ましい財・サービスの消費量cと貨幣保有量mの組み合わせでは、

$$限界代替率 = 価格$$

が成立していることになります。

　次に、価格が$P_1=1$から$P_2=3$へ上昇した状況を考えてみましょう。価格上昇により、新しい予算制約式が

$$m = 17 - 3c \tag{5.14}$$

となります。そうすると、図5.11に示すように価格の上昇によって予算制約線が縦軸の切片を固定したまま左側に移動します。この価格上昇によって、点yの組み合わせではもはや予算制約を満たすことができません。それでは、価格上昇後の予算制約線と無差別曲線とが接する組み合わせはどこでしょうか。そ

....
　5　厳密には相対価格ですが、ここでは貨幣との交換を議論しているので価格と示しています。

第5章 ● 消費者理論

図5.11 予算制約線と無差別曲線：価格の上昇

m；貨幣保有量

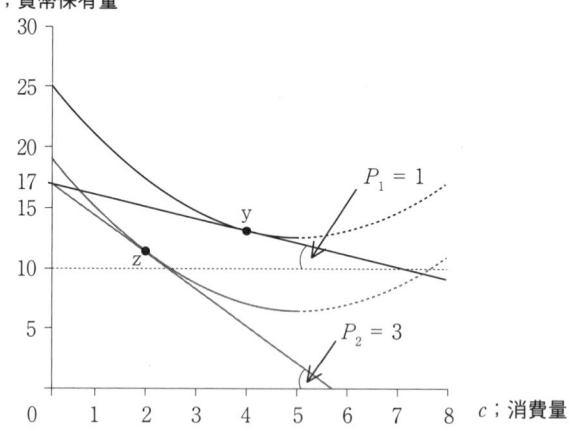

$P_1 = 1$

$P_2 = 3$

c；消費量

の組み合わせは点 z です。このように、ある財・サービスの価格が上昇すると予算制約線が左側に移動するため、より左下の無差別曲線と接することになるのです。この価格上昇による財・サービス消費量の変化を確認すると、消費量 c が左側に移動していることが分かります。すなわち、**ある財・サービスの価格が上昇すると、その財・サービスの消費量は減少する**ことになります。

経済学では、ある価格が与えられたもとで消費者の効用を最大にするような消費量 c を財・サービスに対する需要量、消費者の効用を最大にするような貨幣保有量を m を貨幣需要量といいます。

● ●

例題 5-4

無差別曲線と予算制約線の接点の計算

1. 図5.10の点 y で示される財・サービスの消費量 c と貨幣保有量 m の組み合わせは（5.11）式と（5.13）式との連立方程式の解となる。この連立方程式の解である c と m の値をそれぞれ求めなさい。

2. 図5.10の点 x で示される財・サービスの消費量 c と貨幣保有量 m の組み合わせは（5.11）式と（5.12）式との連立方程式の解となる。この連立方程式の

解である c と m の値をそれぞれ求めなさい。
3. 図5.11の点 z で示される財・サービスの消費量 c と貨幣保有量 m の組み合わせは（5.14）式と（5.12）式との連立方程式の解となる。この連立方程式の解である c と m の値を求めなさい。

例題 5-5
ハンバーガーの需要量【1】

ハンバーガーを何個食べるかという問題を考える。ハンバーガーは1個240円で売られているとする。手元には30000円ある。ハンバーガーを食べる個数を c、手元に残しておくお金（貨幣）を m とする。ハンバーガーを食べることから得られる効用を u とする。ハンバーガーを食べることと貨幣保有から得られる効用 U は以下のように表現できるとする。

$$U = u + \frac{1}{30}m \tag{5.15}$$

1. 予算制約を定式化しなさい。
2. ハンバーガーを1つ追加的に注文し貨幣を手放すことで U はどれだけ低下するか答えなさい。
3. ハンバーガーを食べることから得られる効用が以下のように表現できるとする。

$$u = -c^2 + 12c$$

(a) $u = -c^2 + 12c$ を図示しなさい。
(b) ハンバーガーを1個目、2個目、3個目、4個目、5個目と1個ずつ食べていったとき、効用は追加的にどれだけ増えるか答えなさい。

c の変化	0から1	1から2	2から3	3から4	4から5
u の変化					

4. ハンバーガーを0個から1個ずつ増やしたときに、効用 u が増える分よりも貨幣を手放すことで効用が減少する分のほうが大きくなるのは何個目からかを答えなさい。

第5章 ● 消費者理論

5．予算制約式と u を (5.15) 式に代入し、c だけの式に置き換えなさい。
6．前の問題（問題5）で求めた式を $c = 0, 1, 2, 3, 4, 5$ についてそれぞれ計算し、効用を最大にする c（需要量）を求めなさい。
7．ハンバーガーの価格が240円から120円に低下した場合の需要量を計算しなさい。
8．需要法則が成立しているかどうか答えなさい。

● ●

例題 5-6
ハンバーガーの需要量【2】

ハンバーガーを何個食べるかという問題を考える。ハンバーガーは1個240円で売られているとする。手元には30000円ある。ハンバーガーを食べる個数を c、手元に残しておくお金（貨幣）を m とする。ハンバーガーを食べることから得られる効用を u とする。ハンバーガーを食べることと貨幣保有から得られる効用 U は以下のように表現できるとする。

$$U = u + \frac{1}{60}m \tag{5.16}$$

1．予算制約を定式化しなさい。
2．ハンバーガーを1つ追加的に注文し貨幣を手放すことで U はどれだけ低下するか答えなさい。
3．ハンバーガーを食べることから得られる効用が以下のように表現できるとする。

$$u = -c^2 + 8c$$

(a) $u = -c^2 + 8c$ を図示しなさい。
(b) ハンバーガーを1個目、2個目、3個目、4個目、5個目と1個ずつ食べていったとき、効用は追加的にどれだけ増えるか答えなさい。

c の変化	0から1	1から2	2から3	3から4	4から5
u の変化					

4．ハンバーガーを0個から1個ずつ増やしたときに、効用 u が増える分よりも

貨幣を手放すことで効用が減少する分のほうが大きくなるのは何個目からかを答えなさい。

5. 予算制約式と u を（5.16）式に代入し、c だけの式に置き換えなさい。
6. 前の問題（問題5）で求めた式を $c = 0, 1, 2, 3, 4, 5$ についてそれぞれ計算し、効用を最大にする c（需要量）を求めなさい。
7. ハンバーガーの価格が240円から120円に低下した場合の需要量を計算しなさい。
8. 需要法則が成立しているかどうか答えなさい。

例題 5 - 7
価格の変化と需要量の変化

例題 5 - 5 と例題 5 - 6 ではハンバーガーの価格が240円から120円へと半減していた。価格が半減した場合、購入個数は2倍になりそうな感じがするがどうだろうか。例題 5 - 5 と例題 5 - 6 でハンバーガの需要量がそれぞれ何個から何個に変わったかを確認し、その変化の違いはどのような要因に基づくのかを説明しなさい。

例題 5 - 8
効用が飽和しない場合

O君は暇なのでカラオケを何時間か利用しようと考えている。O君は現在1200円持っている。O君はカラオケが大好きであり、歌えば歌うほど楽しい。カラオケの利用時間を t とすると、カラオケから得られる効用は

$$u_1 = 2000t$$

と表現できるとする。一方、お金もあったほうがうれしいため、貨幣保有量 m から得られる効用は以下のように表現できるとする。

$$u_2 = 5m$$

カラオケをすることと貨幣保有から得られるO君の効用 U は以下のように表現できるとする。

$$U = u_1 + u_2 \tag{5.17}$$

$$= 2000t + 5m \tag{5.18}$$

1. O君のカラオケの限界効用は逓減しているかどうか答えなさい。
2. カラオケを1時間利用するごとにP円かかるとする。このとき、予算制約を定式化しなさい。また、Uに予算制約式を代入し、tのみの式にしなさい。
3. 1時間利用するごとに$P = 500$円のカラオケボックスを見つけた。O君はカラオケを利用するだろうか。利用するならば何時間利用するだろうか。
4. 1時間利用するごとに$P = 300$円のカラオケボックスを見つけた。O君はカラオケを利用するだろうか。利用するならば何時間利用するだろうか。
5. 需要法則が成立しているかどうか答えなさい。

2 需要関数

2.1 消費者の効用最大化問題

ここで、これまで学んできた効用関数と予算制約式について確認しましょう。

$$\text{効用関数} \quad U = -\frac{1}{2}c^2 + Bc + Am \tag{5.19}$$

$$\text{予算制約式} \quad m = I - Pc \tag{5.20}$$

Uが効用、cが財・サービスの消費量、mは貨幣保有量、Pは財・サービスの価格、Iは所得、AとBは未知の定数（パラメータ）です。これらのうち、財・サービスの価格Pは与えられたもの（相場価格）として考えます。また所得IやAとBはある一定の値をとるとします。消費者は (5.19) 式で表される効用Uが最大となる財・サービスの消費量cと貨幣保有量mの組み合わせを選択したいと考えています。すなわち、cとmが消費者の選択可能な変数ということです（これを内生変数といいます）。ただし、(5.20) 式という予

算制約の条件があります。そのため、消費者は予算制約というトレードオフのもとで財・サービスの消費量と貨幣保有量の望ましい配分を考える必要があります。これを**消費者の効用最大化問題を解く**といいます。経済学では、意思決定主体（この場合は財・サービスの消費量と貨幣保有量を決めようとしている消費者）がある目的関数（この場合は効用関数）をある制約条件下（この場合は予算制約）で最大化しようと行動していると考え、その意思決定問題を分析していきます。制約条件や最大化などと聞くと難しく感じるかもしれませんが、これから示す手順で考えていけば大丈夫です。

まず、(5.19) 式の中の m に (5.20) 式を代入してみましょう。そうすると、(5.19) 式で示された効用は財・サービスの消費量 c と貨幣保有量 m のふたつの変数に依存するという関係から、財・サービスの消費量 c のみに依存するという関係に書きかえることができます。

$$U = -\frac{1}{2}c^2 + Bc + A(I - Pc) \tag{5.21}$$

(5.21) 式の表記を c の 2 次項、1 次項、定数項の順番に並びかえると

$$U = -\frac{1}{2}c^2 + (B - AP)c + AI \tag{5.22}$$

となります。これが、**一定の所得の範囲で財・サービスの購入を行う必要があるという予算制約を考慮した上での消費者の効用関数**ということになります。消費者はこの式の値 U がもっとも大きくなるように財・サービスの消費量 c を決定すると考えることが、インセンティブとトレードオフの観点から最適であるといえます。

(5.22) 式は消費量 c についての 2 次関数になっているので、解の公式を使って U が最大となる c を求めることができます。解の公式の $-\frac{b}{2a}$ に当てはまる部分は、$b = B - AP$、$a = -\frac{1}{2}$ より、

$$-\frac{b}{2a} = -\frac{(B - AP)}{2 \times \left(-\frac{1}{2}\right)}$$
$$= B - AP$$

第5章 ● 消費者理論

よって、この消費者は

$$c = B - AP \tag{5.23}$$

となる消費量 c を選択しておけば効用が最大になって満足であるということになります。この最適な消費量を c^* と表すことにします。

ここで、効用を最大化させる消費量 $c^* = B - AP$ が財・サービスの価格 P の関数になっていることに注目しましょう。このことは「**財・サービスの価格 P が変化すれば財・サービスの最適消費量 c^* も変化する**」ということを意味します。この価格と最適消費量との関係、すなわち、**ある価格が与えられた場合に最適消費量（需要量）はいくつになるのか？** という関係が、財・サービスに対する需要ということになります。(5.23) 式はある財・サービスに対する需要量を表しているので、Demand の頭文字 D を使って次のように書きます。

$$D = B - AP \tag{5.24}$$

(5.24) 式が**需要関数**と呼ばれるものです。

(5.24) 式の需要関数に含まれる未知の定数（パラメータ）A と B に注目しましょう。A と B の値は消費者の財・サービスに対する主観的な満足度に関するもので、通常は消費者によって異なります。このうち A は財・サービスの価格変化に対してどれだけ需要量を変化させるかという度合いを表しています。財・サービスの価格 P が 1 単位上昇（低下）したときに需要量が A 単位減少（増加）するわけです。言いかえると、財・サービスの価格変化に対して消費者がどれだけ反応するかという程度を表す値と解釈できます。例えば、A の値が小さい場合は財・サービスの価格の変化に消費者がほとんど反応しないということになります。ここで、(5.19) 式を思い出しましょう。A は貨幣保有量の変化によって得られる効用の変化の大きさを表していました。A の値が小さいということは、貨幣保有量の変化による効用の変化も小さいことを意味します。一方で、B は財・サービスが無償で提供されるときにその財・サービスをどれだけ需要するかという程度を表しています（財・サービスの消費による効用の飽和点）。このことは、消費者がこの財・サービスを潜在的にどのぐらい欲しいと思っているか、つまり好んでいるかを表しているとも解釈で

きます。

具体的な数値例

記号による説明だけで理解するにはトレーニングが必要なので、具体的な数値例を使って考えてみましょう。2次型効用関数の未知の定数（パラメータ）B を10と設定し、貨幣保有から得られる満足度 A を2とします。また、手持ちの所得 I を10とすると、効用関数は以下のように表すことができます。

$$U = -\frac{1}{2}c^2 + 10c + 2m$$

予算制約は以下のように与えられます。

$$m = 10 - Pc \tag{5.25}$$

予算制約を効用関数に代入すると

$$\begin{aligned}U &= -\frac{1}{2}c^2 + 10c + 2(10 - Pc) \\ &= -\frac{1}{2}c^2 + (10-2P)c + 20\end{aligned} \tag{5.26}$$

と書くことができます。(5.26) 式で示される2次関数の頂点を解の公式を使って求めると、$c^* = 10 - 2P$ となります。よって、需要関数は

$$D = 10 - 2P \tag{5.27}$$

と書けます。

●●●●●●●●●●●●●●●●●●●●●●●●●●●●●●●●●●●●

例題 5-9
効用の飽和点

以下の消費 c についての効用関数における効用の飽和点をそれぞれ求めなさい。

1. $u = -\frac{1}{2}c^2 + 10c$
2. $u = -c^2 + 10c$

3．$u = -2c^2 + 10c$

例題 5-10
需要関数の導出【1】

消費者は財・サービスの消費量 c と貨幣保有量 m から効用を得ていると仮定する。消費者の効用関数は次のように表現できるとする。

$$U = -\frac{1}{2}c^2 + 100c + \frac{1}{4}m$$

ここで手持ちの所得額は10000円、財・サービスの価格を P とする。
1．予算制約を定式化しなさい。
2．効用 U に予算制約式を代入し、c だけの式としなさい。
3．需要関数を導出しなさい。
4．価格 $P = 100$ 円のときの需要量を求めなさい。
5．価格 $P = 200$ 円のときの需要量を求めなさい。

例題 5-11
需要関数の導出【2】

消費者は財・サービスの消費量 c と貨幣保有量 m から効用を得ていると仮定する。消費者の効用関数は次のように表現できるとする。

$$U = -\frac{1}{2}c^2 + 100c + \frac{1}{2}m$$

ここで手持ちの所得額は10000円、財・サービスの価格を P とする。
1．予算制約を定式化しなさい。
2．効用 U に予算制約式を代入し、c だけの式としなさい。
3．需要関数を導出しなさい。
4．価格 $P = 100$ 円のときの需要量を求めなさい。
5．価格 $P = 200$ 円のときの需要量を求めなさい。

2.2 需要曲線の導出

需要関数で表される需要量と価格の関係を図示する場合には注意が必要です。通常、影響を与える変数を横軸に、影響を受ける変数を縦軸にしてグラフを描きます。しかし、需要量（この後に説明する生産者理論では供給量）と価格の関係をグラフで図示する場合には、価格 P を縦軸、需要量 D を横軸とします[6]。このように図示するには、(5.24) 式を $D=$ という形ではなく、$P=$ という形で表現し直さなければいけません。そこで、(5.24) 式を以下のように変形します。

$$P = \frac{B}{A} - \frac{1}{A}D \qquad (5.28)$$

この (5.28) 式を**逆需要関数**といいます。(5.28) 式について、横軸を需要量 D、縦軸を価格 P としてグラフ化すると、右下がりの直線になります。この直線を**需要曲線**といいます。図5.12はこの需要曲線を表したものです。

需要曲線の解釈についても注意が必要です。通常、関数を考える場合は横軸（いわゆる x 軸）が変化すると縦軸（いわゆる y 軸）がどれだけ変化するのかに注目しますが、需要曲線の場合は逆需要関数ではなく需要関数の解釈に従います。すなわち、需要曲線は、需要量に応じて価格が決まるということを意味するのではなく、**価格に応じて需要量が決まる**ということを意味しています。もし価格が P_1 であればそれに対応する需要量 D_1 が存在し、別の価格 P_2 であればそれに対応する需要量 D_2 が存在するのです。

3 需要曲線と消費者余剰

需要曲線は、それぞれの価格のもとでの消費者の効用を最も高くする消費量（需要量）を表すものです。ここからは、消費者が財・サービスを購入すると

---
[6] 需要曲線を図示する場合に価格（P）を縦軸、需要量（D）を横軸とするのは経済学の慣例です。

第5章 ● 消費者理論

図5.12　需要曲線

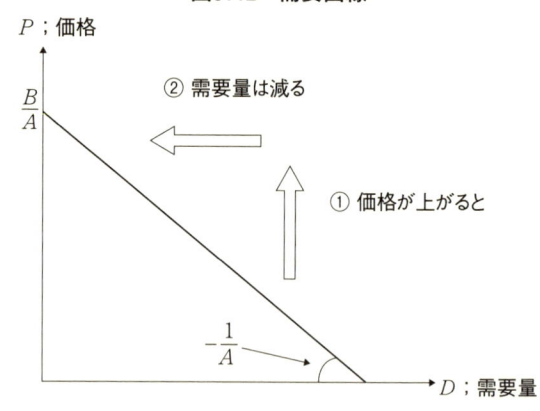

いう経済取引でどれだけ「得」をしているのかを需要曲線のグラフをから確認していきます。そこで、前章の2.1節で説明した需要表の話を思い出しましょう。表4.2で示した需要表には財・サービスの価格と留保価格を表示していました。消費者は、D個目のある財・サービスについて、少なくともその価格が留保価格を上回らない、つまり価格$P \leqq$留保価格という条件が満たされる限り、D個目を購入します。**ここでいう「得」とは、財・サービスに対する消費者の留保価格と財・サービスの取引価格との差**を指します。

$$P = \frac{B}{A} - \frac{1}{A}D$$

で表される需要曲線に対して、財・サービスの価格が$\underline{P}$であったとします。このときの需要量を$\underline{D}$と表記すると、$\underline{D} = B - A\underline{P}$が成立します。価格$\underline{P}$は1単位の消費を行うことによって失われる貨幣保有量です。したがって、$\underline{P} \times \underline{D}$は価格×消費量で費用の合計額を表します。これは、図5.13の$\underline{P}$より下側、$\underline{D} = B - A\underline{P}$よりも左側の四角形ohbaの面積であることに注意してください[7]。

---

[7] 本章の1節で述べたように、ここでは消費者が財・サービスに支出する割合は全体の予算と比べてかなり小さいという状況（所得が変化しても財・サービスの需要量は変化しない状況）を仮定しています。

3 ● 需要曲線と消費者余剰

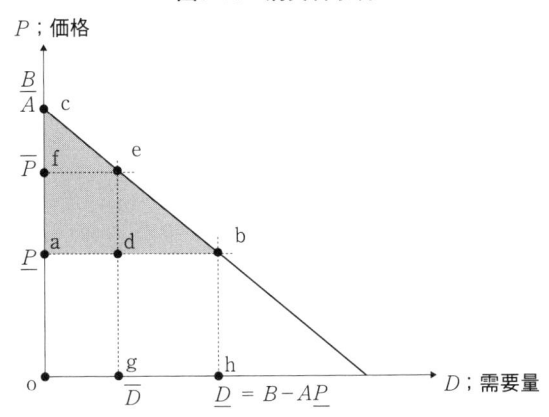

図5.13　消費者余剰

　ここで、$\underline{D}$より少ないある需要量$\overline{D}$に注目しましょう。この需要量に対応する価格$\overline{P}$は$\underline{P}$よりも高くなっています。これは、価格が$\underline{P}$で購入量が$\underline{D}$だったとしても、少なくとも最初の$\overline{D}$個までは価格$\underline{P}$より高い価格でも買いたいと思っていたということを意味します。留保価格という言葉を使えば、$\overline{D}$個を買う場合の買い手の留保価格$\overline{P}$よりも取引価格$\underline{P}$が低い状態にあったということです。実際には、$\overline{D}$個までについても価格$\underline{P}$で購入できたわけですから、$\overline{D}$個までの取引について消費者は「得をした」ことになります。

　この$\overline{D}$を$\underline{D}$まで少しずつ動かしていくことで、需要曲線よりも下側で実際に支払った価格$\underline{P}$よりも上の部分（三角形abc）が、価格$\underline{P}$で取引を行ったことで得をした部分の合計になることが分かるでしょう。この三角形abcの面積を**消費者余剰**といいます。余剰とは「余り」とか「儲け」という意味です。すなわち、消費者余剰とは、ある価格での取引から得られた消費者の儲けということになります。価格が下がるほど需要曲線より下で価格より上の領域である消費者余剰が拡大していくことが分かります。これは、価格が安ければ消費者は得をするということを意味します。

● 消費者余剰と効用の関係

　消費者余剰が消費者の望ましさに対応していることをもう少し詳しく説明します。消費者余剰は需要曲線よりも下で価格よりも上側の面積に相当します。

第 5 章 ● 消費者理論

これは、底辺の長さにあたる需要量が $D = B - A\underline{P}$、高さが $\frac{B}{A} - \underline{P}$ の三角形の面積となるので、次のように表すことができます。

$$消費者余剰 = \frac{(B - A\underline{P})\left(\frac{B}{A} - \underline{P}\right)}{2}$$

この式を展開して次のような形に書き直しておきましょう。

$$消費者余剰 = \frac{1}{A}\left(\frac{1}{2}B^2 - AB\underline{P} + \frac{1}{2}A^2\underline{P}^2\right) \tag{5.29}$$

次に価格 $\underline{P}$ のもとで需要する財・サービスを消費することから得られる効用の大きさを計算してみましょう。消費量は $c = \underline{D} = B - A\underline{P}$ ですから、(5.21) 式より

$$効用 = -\frac{1}{2}(B - A\underline{P})^2 + B(B - A\underline{P}) + A\{I - \underline{P}(B - A\underline{P})\}$$

となります。これを展開すると次のような形になります。

$$効用 = \frac{1}{2}B^2 - AB\underline{P} + \frac{1}{2}A^2P^2 + AI$$

この式を所得に依存する部分 AI とそれ以外の部分とに分けて表記すると、それ以外の部分が次のようになります。

$$効用 - AI = \underbrace{\frac{1}{2}B^2 - AB\underline{P} + \frac{1}{2}A^2\underline{P}^2}_{効用のうち所得に依存しない部分} \tag{5.30}$$

(5.30) 式の右辺は (5.29) 式の括弧内と同じ形をしています。つまり、消費者余剰と効用の間には次の関係があることが分かります。

$$消費者余剰 = \frac{1}{A}(効用 - AI) = \frac{効用}{A} - I$$

ここで、効用関数の未知の定数（パラメータ）A の意味を思い出してください。A は貨幣保有量 1 単位から得られる効用の大きさを表していました。よって $\frac{効用}{A}$ は消費や貨幣保有から得られる効用がどのぐらいの貨幣保有量に相当するかを表します。すなわち、効用の大きさを貨幣単位で測っているわけです。消費者余剰とは「効用の大きさを貨幣単位で測ったもの」から「所得」を差し引いたものに相当します。所得 I は外生的に与えられると考えているの

で、効用の大きさを貨幣単位で測ったものと消費者余剰とは一対一の関係にあることが分かります。

具体的な数値例

(5.27) 式を使って具体的な値で考えてみましょう。需要関数 $D = 10-2P$ より逆需要関数（需要曲線）は次のように表せます。

$$P = 5 - \frac{1}{2}D \tag{5.31}$$

この需要曲線は、図5.14のように描くことができます。1個目の購入（$D=1$）に対しては価格 $P = 5-\frac{1}{2} = \frac{9}{2}$ までなら支払ってよい（つまり $\frac{9}{2}$ が留保価格）、2個目の購入（$D=2$）に対しては価格 $P = 5-\frac{2}{2} = 4$ までなら支払ってよい、3個目の購入（$D=3$）に対しては価格 $P = 5-\frac{3}{2} = \frac{7}{2}$ までなら支払ってよい、4個目の購入（$D=4$）に対しては価格 $P = 5-\frac{4}{2} = 3$ までなら支払ってよい、…と考えていることを表しています。たくさん買うごとに支払ってもよい価格（留保価格）が低下するのは、限界効用が逓減していて、たくさん購入（消費）するとその分追加的な消費から得られる効用が低下するからです。

ここで価格が $P=3$ だったとしましょう。この価格であれば先ほどの計算から4個までなら購入してよいと考えていたので、需要量は $D=4$ となります。ただし、1個目について $P = \frac{9}{2}$ までなら払ってよいと考えていたので、価格 $P=3$ で買えれば $\frac{9}{2} - 3 = \frac{3}{2}$ 得をしたことになります。2個目については $P=4$ までなら払ってよいと考えていたので、価格 $P=3$ で買えれば $4-3=1$ 得をしたことになります。3個目については $P = \frac{7}{2}$ までなら払ってよいと考えていたので、価格 $P=3$ で買えれば $\frac{7}{2} - 3 = \frac{1}{2}$ 得をしたことになります。4個目については $P=3$ までなら払ってよいと考えていたので得はありません。これらをまとめると、価格 $P=3$ で4個購入したことから得られた余剰はこれらの得を合計したものです。これが、需要曲線よりも下で価格よりも上の部分の領域の面積に相当します。

ここでは財・サービスの単位を1個、2個、3個としているため図5.14で示す消費者余剰は斜辺が階段状になっています。しかし、もっと細かな単位（1

第 5 章 ● 消費者理論

図5.14 消費者余剰（具体的数値例）

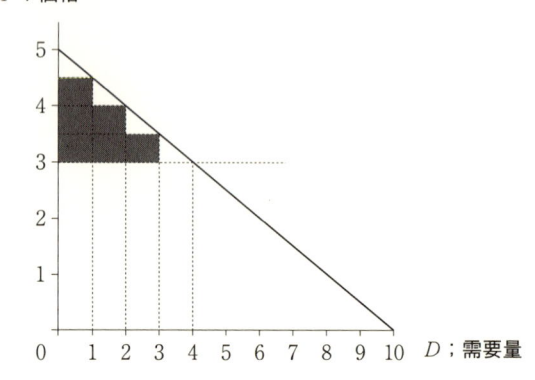

グラムとか1枚など）で取引できる財・サービスを考えれば価格と需要量の関係がより細かいものになるので、消費者余剰は三角形により近い形で示すことができます。

例題 5-12
消費者の効用最大化と消費者余剰

消費者は財・サービスの消費量 c と貨幣保有量 m から効用を得ていると仮定する。消費者の効用関数は次のように表現できるとする。

$$U = -\frac{1}{2}c^2 + 100c + \frac{1}{4}m$$

ここで手持ちの所得額は10000円、財・サービスの価格を P とする。
1. 需要関数から需要曲線（逆需要関数）を導出し、需要曲線を図示しなさい。
2. 価格 $P = 100$ 円のときの消費者余剰の大きさを求めなさい。
3. 価格 $P = 200$ 円のときの消費者余剰の大きさを求めなさい。

例題 5-13
所得効果がある場合

財・サービスの購入量を c、貨幣保有量を m とし、これらから効用を得る消費者を考える。効用は次のように表現できるとする。

$$U = cm$$

ここで手持ちの所得額は10000円、財・サービスの価格を P とする。

1. 予算制約を定式化しなさい。
2. 効用 $U = cm$ に予算制約式を代入し、c の式としなさい。
3. 需要関数を導出しなさい。
4. 需要曲線を図示しなさい。(ヒント:需要量 $D = 1, 2, 3, 4, 5$ のときの価格 P の値を平面上に描き、それをつなげなさい。需要量 $D = 0$ のときはうまく図にできないので注意すること。)

4 経済環境の変化と需要曲線のシフト

ここまでは、財・サービスの価格が変われば財・サービスの需要量が変わるということを確認してきました。経済環境が変化すると価格と需要量の「関係」そのものが変化します。この価格と需要量の関係自体の変化を**需要曲線のシフト**といいます。需要曲線のシフトとその要因について考えていきましょう。

4.1 消費者の好みの変化

まず、消費者の好みが変化するような状況を考えましょう。例えば、夏から冬になって寒くなったとします。寒くなると防寒用にセーターが必要なりますし、マフラーも手袋も必要になります。このように寒くなることで多くの人が

欲しくなるような財があります。逆に、ビールやアイスクリームなど冬から夏にかけて多くの人が欲しくなるような財もあります。このような好みの変化を定式化する1つの有力で簡単な方法は、ある財・サービスの消費量1単位から得られる効用が上昇するケースです。本章の2.1節で確認したように、ある財・サービスに対する消費者の好みは効用関数の B という未知の定数（パラメータ）で表されると解釈できました。そこで、ある財・サービスに対して消費者がより好むようになった場合を考えてみるために、需要曲線

$$P = \frac{B}{A} - \frac{1}{A}D$$

で示される B の値が B_1 から B_2 に増加したとしましょう（A は不変）。B の値は、ある財・サービスが無償で提供されるときに、その財・サービスをどれだけ需要するかという程度を表していたわけです。図5.15に示すように、縦軸の切片が $\frac{B_1}{A}$ から $\frac{B_2}{A}$ になることで、需要曲線 $P = \frac{B}{A} - \frac{1}{A}D$ の定数項の部分を増加させます。その結果、需要曲線は右側にシフトします。

4.2　代替的な財・サービスの登場

　消費する財・サービスには代替的な関係にあるものがあります。例えば、東京都心から成田空港までを移動する手段としてJR東日本の「成田エクスプレス」と京成電鉄の「スカイライナー」は代替的といえます。都心から成田空港までの鉄道サービスという意味で両社は同じようなサービスを提供しています。このように他の財・サービスによっても代替の可能な関係にある財・サービスを**代替財**といいます。他にも、「ビール」と「発泡酒」、「豚肉」と「牛肉」、「バター」と「マーガリン」などさまざまなものがあり得ます。

　このような状況は経済モデルではどのように表現できるでしょうか。ある財・サービスの需要曲線が

$$P = \frac{B}{A} - \frac{1}{A}D$$

のように示されているとします。B の値はある財・サービス（例えば牛肉）をどのぐらい必要としているかを表していると解釈できます。ある財・サービ

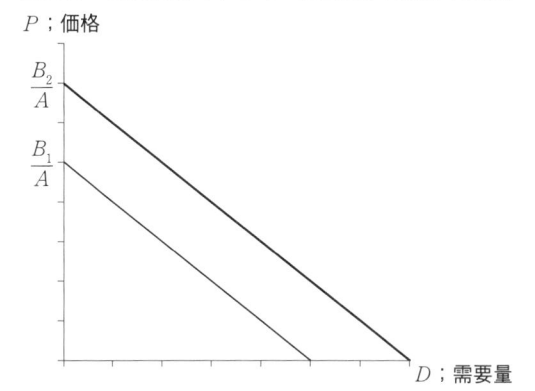

図5.15 需要曲線のシフト（消費財の効用の変化）

ス（牛肉）を消費しなくても他に代替的な財・サービス（例えば豚肉）が存在すれば、ある財・サービス（牛肉）を必ずしも消費しなくてもよいわけですから、ある財・サービス（牛肉）を消費することから得られる効用は相対的に低下すると考えられます。よって、代替財（豚肉）の登場を図5.15を用いて説明すると（Aは不変とする）、Bの値がB_2からB_1へ低下、すなわち（牛肉の）需要曲線が全体的に下側にシフトすることを意味します。逆に、代替的な財（豚肉）が減れば、（牛肉の）需要曲線全体が上側にシフトすることになります。

4.3 補完的な財・サービスの登場

消費する財・サービスには補完的な関係にあるものもあります。例えば、「羽田空港の国内線」にとって「羽田空港の国際線」は補完的です。2010年に国際線ターミナルが開業して以降、多くの国際線が就航するようになりました。これにより、地方都市から羽田行きの国内線を使って海外へ向かう乗客も増加しています。このように、他の財・サービスの利用価値を高める関係にある財・サービスを**補完財**といいます。補完的な財・サービス（羽田空港の国際線）が増加すれば、ある財・サービス（羽田空港の国内線）を利用（消費）することから得られる効用は相対的に上昇すると考えられます。よって、図5.15を用いて説明すると（Aは不変とする）、補完財（羽田空港の国際線）の登場

によって B の値が B_1 から B_2 へ上昇する、すなわち（羽田空港国内線の）需要曲線が全体的に上側にシフトすることになります。

　一方で、羽田空港の国際線発着便の増加は成田空港の存在を脅かす可能性があります。成田空港は国際線がメインの空港ですが、国内線も就航しています。「成田空港の国内線」にとって「成田空港の国際線」は補完的です。もし、羽田空港の国際線発着便の増加によって成田空港の国際線の便数が減少すると、成田空港の国内線を利用する乗客も減少することが予想されます。なぜなら、補完的な財・サービス（成田空港の国際線）が減少すれば、ある財・サービス（成田空港の国内線）を利用（消費）することから得られる効用が相対的に低下すると考えられるからです。つまり、補完的な財やサービス（成田空港の国際線）の減少は（成田空港の国内線の）需要曲線を下側に引き下げることになります。

4.4　将来不安による貨幣への選好

　本章では、消費者が財・サービスを消費するか貨幣を保有するものと想定して消費者行動を分析してきました。それでは、貨幣保有量の変化による効用の変化の度合いを表す未知の定数（パラメータ）A が何らかの理由で変化したらどのようになるでしょうか。例えば、将来ひょっとしたら急にお金が必要になるかも知れないと人々が考えるような状況です。このような状況を流動性への選好が高まるケースなどといいます。A の値が変化するとは、消費者が将来に対する経済の見通しを悲観して貨幣を多く保有するようになるような状況や、現在の財・サービスを購入するのではなく、他にもっとよい財・サービスがあるかもしれないので貨幣を保有しておきたいというような状況などを表します。

　A の値が A_1 から A_2 に増加したとすると（B は不変）、縦軸の切片が $\frac{B}{A_1} - \frac{B}{A_2}$ だけ低下すると同時に傾きも緩やかになります。ただし、価格が 0 のときの横軸の切片は $D = B$ で変わりません。したがって、需要曲線は図5.16のように下側にシフトすることが分かります。逆に、もし A の値が減少したら縦軸の切片が上昇し、傾きが急になることが分かります。

4 ● 経済環境の変化と需要曲線のシフト

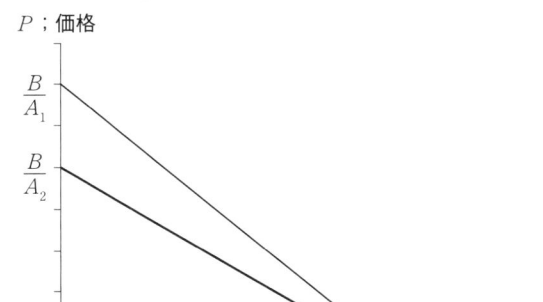

図5.16 需要曲線のシフト（貨幣の選好の変化）

例題 5-14
代替財と補完財

1つの財の消費と貨幣保有から効用が得られるのではなく、2種類の財の消費から効用が得られる場合にその2種類の財を選択する問題を考える。1番目の財の購入量をc、価格をPとする。2番目の財の購入量をe、価格をQとする。これらから得る効用は次のように表現できるとする。

$$U = c(e+1)$$

ここで手持ちの所得額は1000円とする。

1. 予算制約を定式化しなさい。
2. 効用 $U = c(e+1)$ に予算制約式を代入し、c の式としなさい。
3. 1番目の財についての需要関数を導出しなさい。
4. 2番目の財の価格 Q が100円のとき、1番目の財の需要曲線を示しなさい。
   （ヒント：需要量 $D = 1, 2, 3, 4, 5$ のときの価格 P の値を平面上に描き、それをつなげなさい。需要量 $D = 0$ のときはうまく図にできないので注意すること。）
5. 2番目の財の価格 Q が300円のとき、1番目の財の需要曲線を示しなさい。
   （ヒント：需要量 $D = 1, 2, 3, 4, 5$ のときの価格 P の値を平面上に描き、そ

れをつなげなさい。需要量 $D = 0$ のときはうまく図にできないので注意すること。）

6. 2番目の財の価格が100円と300円で1番目の財の需要曲線はどのように変化しているか考え、1番目の財と2番目の財は補完的な関係にあるか、代替的な関係にあるか答えなさい。

7. もし効用関数が以下のような形であるとする。

$$U = c(e-1)$$

このとき、2番目の財の価格 Q が100円と300円とで1番目の財の需要曲線がどのように変わるか、二つの財は補完的か代替的か答えなさい。

例題 5-15
正誤問題（消費者行動の理解の確認）

以下の問題文を読み、正しいか誤っているか答えなさい。

1. 需要関数は需要法則を数式で表現したものである。価格 P に対して需要量 D が決まる数式で表される。

2. 需要曲線は需要法則を図示したものである。需要関数に合わせて横軸を価格 P、縦軸を需要量 D とした平面上の曲線または直線で表現される。

3. 需要曲線は消費者の効用最大化行動の結果として導出されたものである。そのため、需要曲線には消費者の効用に関する情報が含まれている。需要曲線を利用して消費者の効用（望ましさ）を分析することを余剰分析とか厚生分析という。

4. 需要曲線よりも上で価格よりも下側の領域を消費者余剰という。

5. 需要曲線が変化しなければ、価格が低下するほど消費者余剰は大きくなる傾向にある。すなわち、消費者にとっては財の価格が安いほうが望ましい。

6. 需要曲線は価格と需要量の関係を規定する。消費者の需要に影響を与える価格以外の要因が変化したとしても、価格が変化しなければ需要曲線は変化することはない。

7. 財・サービスの消費量1単位から得られる効用が上昇すると、その財・サービスに対する需要が増える。

8. 他の財・サービスの消費量1単位から得られる効用が変化しても、ある財・サービスの消費量1単位から得られる効用が変化しなければ、ある財・サービスの需要が変化することはない。

例題 5-16
論述問題（消費者行動の理解の確認）

1. 以下のキーワードを用いて、需要曲線が右下がりになるロジックを120字程度で説明しなさい。**キーワード…価格、機会費用、限界効用**
2. 以下のキーワードを用いて、消費者余剰とは何かを120字程度で説明しなさい。**キーワード…取引価格、留保価格**
3. 東京ディズニーシーの入場料が大幅に値上がりしたとする。東京ディズニーシー周辺のホテルの宿泊料が変わらない場合、ホテルの宿泊客数にどのような影響があると考えられるか。以下のキーワードを用いて120字程度で説明しなさい。**キーワード…需要、補完財**

第6章 生産者理論

1 生産者行動

　経済学において生産者である企業は非常に重要な存在でさまざまな観点から分析がなされています。企業をどのような存在として捉えるかは、現在に至るまで経済学の研究のフロンティアを拡げてきた非常に重要なテーマです。ここでは経済学におけるもっとも古典的な企業観を生産者行動として一般化して説明します。

　生産者は財・サービスを生産してそれを販売することで収入（売上）を得ています。ただし、財・サービスの生産には費用がかかります。例えば、企業が何かを生産するためには、人を雇ったり、事務所を借りるための家賃が必要だったり、パソコンや机などさまざまな設備が必要になります。生産を行うために必要なさまざまな要素を経済学では**生産要素**といいます。そこで、生産者がどのような原理に基づき、生産量や生産要素投入量を決めるのか考えていきましょう。

　経済学の古典的な企業観では**生産者を利潤を最大化する存在**と考えます。利潤とは、収入から費用を差し引き生産者の手元に残るものと定義します。

$$利潤 = 収入 - 費用$$

なお、ここでの利潤と会計学における利益とは違う概念なので注意してください。経済学での費用には**機会費用**の概念が含まれます。この点については後ほど具体例を挙げて説明します。利潤は生産者の手元に残るものなので、生産者は利潤を最大化しようとします。その利潤を手にするのはいったい誰かということは難しい話で、企業（生産者）に関する研究において重要なポイントとなります。しかし、ここではあまり細かい話には立ち寄らず、生産者とは利潤を

最大化する存在とだけ考えておきましょう。

企業が利潤を最大化するためには、「収入を増やすこと」と「費用を減らすこと」が重要です。費用とは生産に用いる生産要素の市場価値の総額です。生産要素1単位当たりの価格（市場価値）を**生産要素価格**といいます。そこで、費用を次のように定義してみましょう。

$$費用 = 生産要素価格 \times 生産要素投入量$$

生産要素価格とは、例えばアルバイト（労働者＝生産要素）に支払う時給に相当します。時給800円のアルバイトを8時間したら800円 × 8時間 = 6400円もらえるわけですが、企業からみると8時間働いてもらう対価として6400円支払っていることになります。ここでは完全競争市場を仮定し、生産要素価格は与えられたもの（所与）として話を進めます。

生産者の収入は次のように表すことができます。

$$収入 = 価格 \times 販売量$$

生産者は生産したものを販売するわけですが、財の性質によっては生産したもののすべてを販売できるわけではなく、売れ残った財は「在庫」として企業の倉庫に積みあがることもあります。この在庫の動きは実際の経済において非常に重要なのですが、生産されたもののうちどれだけが販売され、どれだけが在庫となるかは非常に難解なので、

$$販売量 = 生産量$$

となると考えておきましょう。よって、生産者の収入は

$$収入 = 価格 \times 生産量$$

として表すことにします。完全競争市場を仮定し、価格も与えられたもの（所与）として話を進めます。

1.1 生産関数

　生産者が生産物を作り出すために用いる財・サービスのことを生産要素といいました。生産者は生産要素を投入して生産物を作り出すので、生産要素投入量と生産物の量（生産量）には関係があります。生産要素投入量と生産量の関係を表す式を**生産関数**といいます。それでは、生産要素投入量と生産量との間にはどのような関係があるでしょうか。すなわち、生産関数をどのように定式化すればよいでしょうか。議論を分かりやすくするために1種類の生産要素を用いて生産物を作り出す状況を考えてみましょう。

●生産関数の性質

　蕎麦打ちが趣味であるサラリーマンのAさんは、脱サラして父親が経営する蕎麦屋を引き継ぐことになりました。ただし、蕎麦屋の経営だけで生活していくのは厳しいと思い、Aさんは別の仕事もすることにしました。計算を簡単にするために、ここでは蕎麦を打つための材料費はゼロと仮定しましょう。ここでの生産要素はAさんの労働力（労働時間）になります。Aさんが蕎麦を打つ時間が長ければ長くなるほど作られる蕎麦の量も多くなるわけですから、次のような関係が成立します。

　1．生産要素投入量が増えると生産量は増える。

　ところで、Aさんの蕎麦を打つ時間が増えれば蕎麦の生産量はいくらでも増えるのでしょうか。蕎麦を打つには体力が必要です。蕎麦打ちの作業を始めた当初は体力の低下を気にする必要はないでしょう。しかし、時間が経過するにつれて例えば腕に力が入りづらくなります。作業開始から1時間で作ることができる蕎麦の量と比べると、作業開始から4時間が経った時点から1時間で作ることができる蕎麦の量は少なくなると考えられます。

　蕎麦打ち時間は蕎麦を生産するために必要な生産要素投入量とみなすことができます。Aさんの蕎麦打ち時間が増加すれば蕎麦の生産量は増えるでしょうが、蕎麦打ち時間が長くなるほど蕎麦の生産量もどんどん増加していくわけではありません。むしろ、蕎麦打ち時間が長いほど、蕎麦打ち時間を1時間増や

第6章 ● 生産者理論

したときの蕎麦生産の増分は小さくなると考えられるでしょう。
　生産要素投入量を追加的に増やしたときに得られる生産量の増分を**限界生産性**といいます。限界生産性について次の仮定を置きましょう。

　２．生産要素投入量を増やせば増やすほど、その生産要素の追加的な投入から得られる生産の増加分は低下する。すなわち限界生産性が逓減する。

　それでは、蕎麦の生産量に影響を与えるのは蕎麦打ち時間だけなのでしょうか。例えば、Aさんの蕎麦打ち技術について考えてみましょう。Aさんの蕎麦打ち技術がプロ顔負けの手際のよさであるならば、短い時間でも蕎麦を打つことができるでしょう。一方で、Aさんの蕎麦打ち技術がそれほど手際のよいものでないならば、短い時間で蕎麦を打つことは難しいでしょう。このように、Aさんがある一定の時間で蕎麦を打つにしても、Aさんの持っている蕎麦打ち技術によって蕎麦の生産量は異なります。生産要素投入量１単位当たりどれだけ生産できるかを**生産性**といいます。生産性が高いと同じ生産要素投入量であっても多くの生産物を生み出すことができます。

　３．生産性が高いほど、一定の生産要素投入量のもとでの生産量は多くなる。

　生産関数についての仮定をまとめると、以下のようになります。

生産関数の性質
１．生産量は生産要素投入量の増加関数である。
２．限界生産性が逓減する。
３．生産性が高いほど、一定の生産要素投入量のもとでの生産量は多くなる。

　以上の３つの性質を満たす具体的な生産関数の候補としては、さまざまなものがあります。例えば効用関数で仮定した２次関数なども一つの候補でしょう。ここでは、**ルート（平方根）**で生産関数を定式化してみます。具体的には、

$$y = \sqrt{2Hl} \tag{6.1}$$

というような形です。$\sqrt{2Hl}$ は「2乗して $2Hl$ になる値」を意味します。y は生産量、l は生産要素投入量を表しています。H は生産性を表す未知の定数（パラメータ）です。H が高いほど一定の l でも高い生産量が得られることを表しています。なお、ルート記号 $\sqrt{}$ の中に 2 を入れているのは後で計算を楽にするためです。

ルート型生産関数の具体的な値を表6.1に示します。ここでは、生産性を表す未知の定数（パラメータ）を $H = \frac{1}{2}$ としました。生産要素投入量が1のときの生産量は1、生産要素投入量が4のときの生産量は2、生産要素投入量が9のときの生産量は3というように、生産要素投入量の増大に対して生産量はさほど上昇していません。

表6.1 生産要素投入量と生産量との関係：$y = \sqrt{2Hl}$ の例（生産性 $H = \frac{1}{2}$ の場合）

生産要素投入量：l	1	4	9	16
生産量：y	1	2	3	4

1.2 費用関数

費用関数の性質

生産者は、生産するためにどれだけの生産要素が必要でその結果どれぐらい費用がかかるのかということも考える必要があります。これらの関係を表したものを**費用関数**といいます。生産関数は生産要素投入量の増加関数ですので、たくさん生産するためにはたくさんの生産要素が必要となります。したがって、生産量と生産要素投入量との間には以下の関係があります。

1. 生産量を増やすと、その生産量を達成するために必要な生産要素投入量は増える。

第6章 ● 生産者理論

　また、生産関数の性質で確認したように、生産量が増加すればするほど追加的な1単位の生産要素投入による生産量の増分（限界生産性）は逓減します。よって、生産量が増加すればするほど、生産量を追加的に1単位増やすのに必要な生産要素投入量が増加します。このことを (6.1) 式で定式化した生産関数を用いて確認してみましょう。

　(6.1) 式の生産関数の両辺をそれぞれ2乗すると、

$$y^2 = 2Hl$$

となります。これを生産要素投入量 $l =$ の形に書き直すと、次のように書けます。

$$l = \frac{1}{2H}y^2 \tag{6.2}$$

(6.2) 式は生産量 y の2次式となっています。これは生産量 y を増やせば増やすほど、その生産量の増加に必要な生産要素投入量 l の追加分が大きくなることを意味しています。ところで、生産するための費用とは生産するために必要な生産要素投入量に生産要素価格を掛けたものです（生産要素価格は与えられたものとしています）。生産要素価格を W とすると、y を生産するのにかかる費用は

$$Wl = \frac{W}{2H}y^2 \tag{6.3}$$

と書き表すことになります。(6.3) 式の左辺 Wl を TC と書き直した式：$TC = \frac{W}{2H}y^2$ を費用関数といいます[1]。

　生産量と生産要素投入量の関係は、以下の比例関係として表すことができます。

　　　生産量の増分：生産要素投入量の増分 ＝ 限界生産性：1

$$= 1 : \frac{1}{限界生産性}$$

....
[1] もちろん、これ以外に生産をするためには生産量と関係なく必要となる費用があるかもしれません。このような費用を固定費用といいます。固定費用については第8章2節で扱います。

生産要素投入量の増分を1としたときの生産量の増分が限界生産性に相当します。逆に、生産量の増分を1とすると生産要素投入量の増分は**限界生産性の逆数**と等しくなります。生産量の増加によって限界生産性が逓減していきますから、限界生産性の逆数は増加していきます（分母の値が小さくなっていくから）。限界生産性の逆数に生産要素価格を掛け合わせたものを**限界費用**といいます。よって、生産量と限界費用との間には以下の関係があります。

2．生産量を増やせば増やすほど、その追加的な生産に必要な生産要素投入量の増加分は大きくなる。すなわち、限界費用が逓増する。

最後に、「生産性 H が高いほど、一定の生産要素投入量のもとでの生産量は増加する」という生産関数の性質は、「生産性 H が高いほど、一定の量を生産するのに必要な生産要素投入量は少なくなる」ことを意味しています。

3．生産性が高いほど、一定の生産量を達成するのに必要な生産要素投入量は少ない。

費用関数についての3つの仮定をまとめましょう。

費用関数の性質

1．（必要）生産要素投入量は生産量の増加関数である。
2．限界費用が逓増する。
3．生産性が高いほど、一定の生産量を達成するのに必要な生産要素投入量は少ない。

これらの仮定は生産関数の3点の仮定から導かれるものです。

第6章 生産者理論

例題6-1
穴埋め問題（生産者行動の用語確認【1】）

以下の問題文の空欄を埋めなさい。

1. 生産者である企業は｜1｜を最大化しようとする存在として捉えられる。｜1｜は｜2｜から｜3｜を差し引いたものである。企業が生産した財・サービスは売れ残らない、すなわち、｜4｜= 販売量が成立している場合、｜2｜は｜5｜×｜4｜として定義される。｜3｜は｜6｜×｜7｜として定義される。

2. 企業がほんのわずか｜7｜を増やしたときに｜4｜が増える程度を｜8｜という。｜4｜をほんのわずか増やすために必要になる｜7｜の増分×｜6｜を｜9｜という。｜7｜を増やすほど｜8｜が低下するとき、｜8｜は｜10｜するという。これは逆に、｜4｜がすでに多いときほど追加的に｜4｜を増やすために必要になる｜7｜の追加量が増えることを意味する。すなわち｜9｜は｜11｜する。

例題6-2
生産関数と費用関数

次の生産関数に対応する費用関数を計算しなさい。なお生産要素価格は W とします。

1. $y = \sqrt{4l}$　　2. $y = 4\sqrt{l}$　　3. $y = \sqrt{\dfrac{l}{4}}$

2 供給関数

2.1 生産関数と費用関数の関係

ここで、生産関数と費用関数の関係を具体的に考えてみましょう。先ほど生産関数としてルート型生産関数を定式化しました。図6.1と図6.2を見てみましょう。図6.1は生産性を表す未知の定数（パラメータ）H を $\frac{1}{2}$ とした場合の生産関数：

$$y = \sqrt{l}$$

を図示しています。一方、図6.2は生産性を表す未知の定数（パラメータ）H を $\frac{1}{2}$、生産要素価格 W を1とした場合の費用関数：

$$TC = y^2$$

を図示しています。

図6.1において生産要素投入量 l を1から4まで3単位増やすと生産量 y は1から2に1単位増加します。平均的には、生産要素投入量1単位の増加で生産量 y が $\frac{1}{3}$ 増加することになります。一方、図6.2において生産量を1から2まで1単位増やすために必要な生産要素投入量の増加分は3です。同じように、図6.1において生産要素投入量 l を4から9まで5単位増やすと生産量 y は2から3に1単位増加します。一方、図6.2において生産量を2から3まで1単位増やすために必要な生産要素投入量の増加分は5です。このように、限界生産性が逓減するということは限界費用が逓増することに対応しているのです。

2.2 生産者の利潤最大化問題

生産者が最大化しようとする利潤は、収入から費用を差し引いたものです。収入は Py（財・サービスの価格 × 生産量）です。収入 $R = Py$ を**収入関数**ということにします。費用関数は $TC = \frac{W}{2H}y^2$ として表されるので、利潤 π は以

第6章 ● 生産者理論

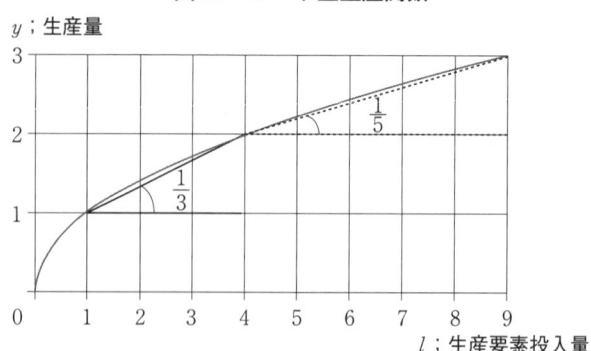

図6.1 ルート型生産関数

y；生産量
l；生産要素投入量

下のように表すことができます。

$$\pi = Py - \frac{W}{2H}y^2 \tag{6.4}$$

この（6.4）式を**利潤関数**といいます。生産者はこの利潤を最大化するように生産量 y を決定します。

　ここで、先ほどのAさんの例を使って説明していきましょう。P は蕎麦1杯の価格、y は蕎麦の量（単位：杯）となります。H はAさんの蕎麦打ち技術の水準を表す未知の定数（パラメータ）、生産要素投入量 l とはAさんの蕎麦打ち時間（単位：時間）となります。W は生産要素価格を表すわけですが、蕎麦打ち時間に対する価格 W（生産要素価格）とは具体的に何を指すでしょうか。ここで、Aさんの労働時間の使い方について考えてみましょう。Aさんの労働時間は蕎麦打ちをする時間と別の仕事をする時間の合計とします。Aさんは蕎麦打ちだけでなく別の仕事もしようと考えているわけです。もし蕎麦打ちに充てる1時間を他の仕事をするのに使えば、他の仕事で得られる賃金を手にすることができます。逆に、他の仕事をするための1時間を蕎麦打ちの時間に充てると、他の仕事から得られるはずの賃金はもらえません。このように考えれば、1時間蕎麦打ちをするためには1時間分の他の仕事をあきらめることになるわけですから、**別の仕事の賃金（時給）が蕎麦打ち1時間の機会費用**と見なすことになるわけです。本章の1節で、経済学での費用には機会費用の概念が含まれるという指摘をしました。ここでの生産要素価格 W とは「蕎麦打ち

図6.2　2次型費用関数

TC；費用

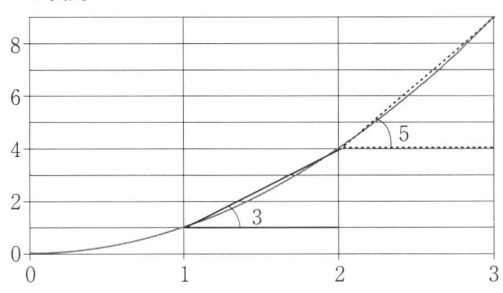

y；生産量

に充てる1時間を他の仕事をするのに使えば得られるはずの賃金」であることが分かります。

さて、生産者の利潤関数（(6.4)式）も2次関数であることから、解の公式を使って利潤を最大にする生産量 y を計算することができます。

もう一度復習：解の公式

2次方程式 $ax^2 + bx + c = 0$ の解は

$$x = -\frac{b}{2a} \pm \frac{\sqrt{b^2-4ac}}{2a}$$

2次関数は左右対称なので、頂点は2次方程式の2つの解のちょうど真ん中にあります。解の公式を確認すると、x の2つの解は $-\frac{b}{2a}$ を中心として $+\frac{\sqrt{b^2-4ac}}{2a}$ と $-\frac{\sqrt{b^2-4ac}}{2a}$ となるので、真ん中は $-\frac{b}{2a}$ です。つまり、頂点の x 座標は $-\frac{b}{2a}$ です。この公式を利用すると、利潤を最大にする生産量 y^* は

$$y^* = -\frac{P}{2\left(-\frac{W}{2H}\right)} = \frac{H}{W}P \tag{6.5}$$

となることが分かります。(6.5)式は価格 P が与えられた下で利潤を最大化す

るような生産量を表しています。

ここで、利潤を最大化させる生産量 $y^* = \frac{H}{W}P$ が財・サービスの価格 P の関数になっていることに注目しましょう。このことは、「**財・サービスの価格 P が変化すれば財・サービスの最適生産量 y^* も変化する**」ということを意味します。この価格と最適生産量との関係、すなわち、**ある価格が与えられた場合に最適生産量（供給量）はいくつになるのか？** という関係が、財・サービスに対する供給ということになります。(6.5) 式はある財・サービスに対する供給量を表しているので、Supply の頭文字 S を使って次のように書きます。

$$S = \frac{H}{W}P \tag{6.6}$$

(6.6) 式を**供給関数**といいます。

●具体的な数値例

具体的に利潤関数を特定化して、生産者が利潤を最大にする最適生産量 y^* を求めてみましょう。

最初に、財・サービスの価格 P が50のときを考えます。生産要素価格 W が1、生産性 H を1とします。この場合、利潤は以下のように求めることができます。

$$\pi = 50y - \frac{1}{2}y^2 \tag{6.7}$$

(6.7) 式を図示すると図6.3のようになります。

生産者が利潤を最大にする生産量 y^* を解の公式を使って計算すると、

$$y^* = -\frac{50}{2\left(-\frac{1}{2}\right)} = 50$$

となります。図6.3で示すように、**最適生産量 $y^* = 50$ は利潤関数の最大値**であることが分かります。さらに、この最大値において利潤関数の接線は横軸と平行になっています。横軸と平行であるということは、**この接線の傾きがゼロ**であることを意味します。この接線の傾きを**限界利潤**といいます。

限界利潤とは、生産量 y を1単位増やした場合の利潤の増分です。最適生産

図6.3 利潤関数

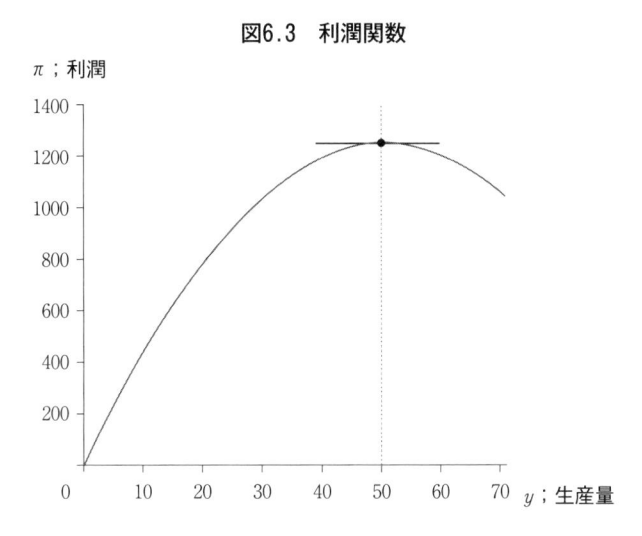

量 y^* 以下の生産量であった場合、さらに生産量を増やすことによって利潤を増やすことができます。つまり、限界利潤はプラスです。一方で、最適生産量 y^* 以上の生産量であった場合、さらに生産量を増やすと利潤が減少します。つまり、限界利潤がマイナスです。利潤を最大にする生産量のもとでは限界利潤がプラスでもマイナスでもない、すなわち、ゼロになるわけです。よって、**最適生産量 y^* のときには限界利潤がゼロ**であることがいえます。

例題6-3
企業の利潤最大化行動

生産関数が

$$y = \sqrt{10l}$$

となるような商品を生産する企業がある。商品の価格は10円、生産要素価格は5円である。

1．企業の費用関数を導出しなさい。
2．企業の利潤関数を導出しなさい。

3．企業の費用関数と収入関数、利潤関数を図示しなさい。
4．利潤を最大にする生産量を計算しなさい。

2.3 供給曲線の導出

最適な生産量 y^* は生産者の財・サービスの供給量 S を表しています。供給関数は

$$S = \frac{H}{W}P \tag{6.8}$$

と表しました。供給関数は、**生産要素価格（例えば賃金）W と生産性 H が一定のもとで財・サービスの価格 P が上昇すれば、供給量は増加する**ということを表しています。これは、「ある財・サービスが高く売れるならば、たくさん作ったほうがよい」という日常感覚と対応していることが分かるでしょう。価格が1単位上昇したとき、供給量は $\frac{H}{W}$ 単位増加します。このため、$\frac{H}{W}$ は価格の変化に対する供給量の変化の程度を表していることになります。

(6.8) 式を $P =$ の形に書きかえると

$$P = \frac{W}{H}S \tag{6.9}$$

となります。この式を横軸に供給量 S、縦軸に価格 P として描くと、図6.4のような右上がりの直線になります。この直線を**供給曲線**といいます。

ところで、利潤を最大にする生産量（最適生産量 y^*）のもとでは、限界利潤＝0であることを先ほど確認しました。利潤は収入から費用を引いたものであると定義しましたが、限界利潤も同じように定義することができます。

限界利潤 ＝ 限界収入 − 限界費用

さらに、完全競争市場においては、生産者が生産量を1単位増やすときの収入の増加分（限界収入）は財・サービスの価格に等しいので、

限界利潤 ＝ 価格 − 限界費用

図6.4 供給曲線

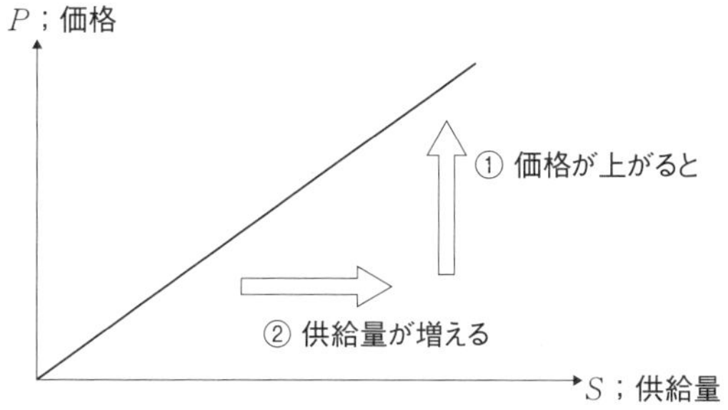

が成立します。利潤が最大となる最適生産量 y^* では限界利潤がゼロになることから

$$0 = 価格 - 限界費用 \quad \Leftrightarrow \quad 価格 = 限界費用$$

が成立します。すなわち、完全競争市場においては、ある財・サービスについて生産者がある価格に直面しているとき、価格と限界費用とが等しくなる生産量が利潤を最大にするということが分かります。ここで、(6.5) 式に再び注目しましょう。

$$y^* = \frac{H}{W}P$$

この式を $P =$ の形に書きかえると

$$P = \frac{W}{H}y^*$$

供給曲線は生産者が利潤を最大にする価格と生産量の関係を表しています。その一方で、生産者が利潤を最大にするには価格と限界費用とが等しくなるように生産量を決めます。よって、限界費用を MC と表記すると、

$$MC = P = \frac{W}{H}y^* \tag{6.10}$$

と表すことができます。すなわち、$MC = \frac{W}{H}y^*$ が成立しており、限界費用 MC は y^* の関数となります。この関数を**限界費用曲線**といいます。この限界費用曲線 $MC = \frac{W}{H}y^*$ と供給曲線 $P = \frac{W}{H}S$ とを見比べましょう。実は、限界

第6章 ● 生産者理論

費用曲線は各価格水準における最適生産量を表す供給曲線そのものなのです。

例題6-4
穴埋め問題（生産者行動の用語確認【2】）

以下の問題文の空欄を埋めなさい。

1. ある財の生産について、企業は利潤を最大にするように生産量を決める。完全競争市場においては、生産量を1単位増やすと価格分だけ収入が増加する。この収入の増加分を [1] という。同時に生産要素投入量が増えるため費用も増える。この費用の増加分を [2] という。もし [1] が [2] を上回れば、生産量を [3] ことで利潤が増加する。逆に、[1] が [2] を下回れば、生産量を [4] ことで利潤が増加する。よって、[1] と [2] が一致する生産量が利潤を最大化させる生産量となる。

2. ある財 y の生産関数が以下のように与えられるとする。

$$y = \sqrt{4Hl}$$

H は生産性、l は生産要素投入量を表す。価格 P が4、生産要素価格 W が2、H が2とする。この場合、利潤関数は以下のように表すことができる。

$$\pi = 4y - \frac{1}{4}y^2$$

企業が利潤を最大化する生産量 y^* を計算すると、$y^* =$ [5] となる。$y^* =$ [5] は利潤関数 π の頂点であり、この頂点において利潤関数の接線の傾きは [6] となる。この接線の傾きを [7] という。[7] とは、生産量 y を1単位増やした場合の利潤の増加分である。生産量が最適生産量 $y^* =$ [5] より少ない場合、さらに生産量を増やすことによって利潤を増やすことができる。つまり、[7] は [8] である。一方で、生産量が最適生産量 $y^* =$ [5] より多い場合、さらに生産量を増やすと利潤が減少する。つまり、[7] が [9] である。よって、最適生産量 $y^* =$ [5] のもとでは [7] が [6] であることがいえる。

3 供給曲線と生産者余剰

　生産者が直面している財・サービスの価格と最適生産量の関係を表す供給曲線を利用して、取引によって生産者はどのぐらい得をするのかを考えてみましょう。供給曲線は利潤を最大にする価格と生産量の関係を表すものです。ある財・サービスについて

$$P = \frac{W}{H}S$$

という供給曲線があり、価格 $\bar{P}$ で売れた状況を考えてみましょう。このとき、対応する供給量は $\bar{S}$ と表記できます。価格は1単位の財・サービスの生産から得られる収入ですから $\bar{P} \times \bar{S}$ が収入ということになります。これは図6.5における $\bar{P}$ より下側で $\bar{S}$ より左側の部分の面積に相当します。

　一方で、供給曲線は価格が与えられたもとでの利潤を最大にする生産量を表しています。ここで $\bar{S}$ よりも少ない生産量 $\underline{S}$ を考えてみましょう。供給曲線は限界費用曲線でもあるということを先ほど確認しました。この生産量に対応する限界費用は MC、一方で、限界収入は価格 $\bar{P}$ です。生産量が $\underline{S}$ の場合には限界収入が限界費用を大きく上回っています。つまり、限界利潤がプラスです。生産者は限界利潤がゼロとなるまで生産量を増やしたほうが利潤をより増やすことができます。

　この $\underline{S}$ を0から $\bar{S}$ まで少しずつ動かしてみると、供給曲線（限界費用曲線）よりも上側で、価格（限界収入）よりも下側の領域が、価格 $\bar{P}$ で取引を行ったときの生産者の利潤の合計になることが分かります。

　原点と縦軸上の $\bar{P}$ と点aの三点を結んだ三角形の面積の大きさが生産者の利潤の大きさで、これを**生産者余剰**といいます。財・サービスの価格が高いほどこの面積が大きくなることが分かるかと思います。すなわち、生産者にとって財・サービスの価格が高いほど利潤が大きいということに対応します。

●生産者余剰と利潤の関係

　生産者余剰が企業の利潤の大きさに対応していることをもう少し厳密に説明

第 6 章 ● 生産者理論

図6.5　生産者余剰

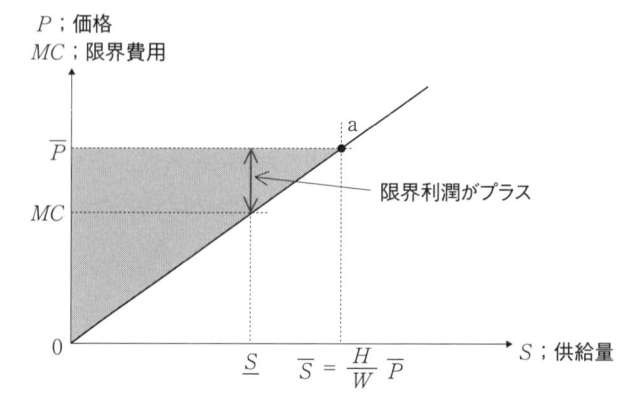

します。生産者余剰は供給曲線よりも上で価格よりも下側の面積です。底辺の長さが供給量 $\bar{S} = \frac{H}{W}\bar{P}$、高さが $\bar{P}$ の三角形の面積なので次のように書けます。

$$生産者余剰 = \frac{\frac{H}{W}\bar{P} \times \bar{P}}{2} = \frac{H}{2W}\bar{P}^2$$

一方で、生産量が $\bar{S}$ のときの利潤の大きさは（6.4）式より

$$\pi = \bar{P} \times \frac{H}{W}\bar{P} - \frac{W}{2H}\left(\frac{H}{W}\bar{P}\right)^2 = \frac{H}{2W}\bar{P}^2$$

となります。このように、生産者余剰は企業の利潤の大きさと一対一で対応していることが分かります。

具体的な数値例

（6.6）式を使って具体的な値で考えてみましょう。生産要素価格 W が1、生産性 H が1であるとすると、供給関数は $S = P$ となり、供給曲線は次のように書くことができます。

$$P = S \tag{6.11}$$

この供給曲線は、図6.6のように描くことができます。1個目の生産（$S = 1$）に対しては価格 $P = 1$ 以上ならば生産する（つまり1が留保価格）、2個目の

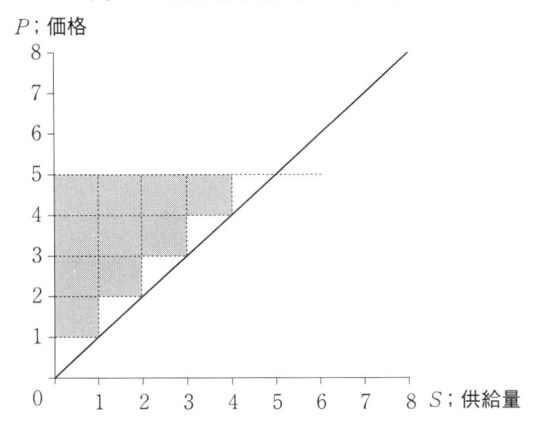

図6.6 生産者余剰（具体的数値例）

生産 ($S=2$) に対しては価格 $P=2$ 以上なら生産する、3個目の生産 ($S=3$) に対しては価格 $P=3$ 以上なら生産する、4個目の生産 ($S=4$) に対しては価格 $P=4$ 以上なら生産する、…と考えていることを表しています。たくさん生産するごとに留保価格が上昇するのは、追加的な生産にかかる費用が上昇するからです。

ここで価格が $P=5$ だったとしましょう。この価格であれば先ほどの計算から5個までなら生産すると考えていたので、供給量は $S=5$ となります。ただし、1個目について $P=1$ 以上なら生産すると考えていたので、価格 $P=5$ で取引できれば $5-1=4$ 得したことになります。2個目については $P=2$ 以上なら生産すると考えていたので、価格 $P=5$ で取引できれば $5-2=3$ 得したことになります。3個目については $P=3$ 以上なら生産すると考えていたので、価格 $P=5$ で取引できれば $5-3=2$ 得したことになります。4個目については $P=4$ 以上なら生産すると考えていたので、価格 $P=5$ で取引できれば $5-1=4$ 得したことになります。5個目については価格と留保価格とが同じため得の部分はありません。これらをまとめると、価格 $P=5$ で5個生産したことから得られた余剰はこれらの得を合計したものです。これが、供給曲線よりも上で価格よりも下の部分の領域の面積に相当します。

ここでは財・サービスの単位を1個、2個、3個としているため、図6.6で示す生産者余剰は斜辺が階段状になっています。しかし、もっと細かな単位

第6章 ● 生産者理論

（1グラムとか1枚など）で取引できる財・サービスを考えれば価格と供給量の関係がより細かいものになるので、生産者余剰は三角形により近い形で示すことができます。

例題6-5
企業の利潤最大化と生産者余剰【1】

費用関数が

$$TC = \frac{200}{400}y^2$$

となるような商品を生産している企業がいる。商品の価格は300円、生産要素価格は200円である。

1．企業の利潤関数を定式化しなさい。
2．供給量（利潤を最大にする生産量）はいくらか計算しなさい。
3．商品が人気になり価格が600円に上昇したとする。このときの供給量はいくらか答えなさい。
4．一般に価格が P だったときの価格と供給量の関係（供給関数と供給曲線）を導出しなさい。
5．価格が300円のもとでの企業の利潤を計算しなさい。また、生産者余剰を計算しなさい。

例題6-6
企業の利潤最大化と生産者余剰【2】

費用関数が

$$TC = \frac{200}{2}y^2$$

となるような商品を生産している企業がいる。商品の価格は400円、生産要素価格は200円である。

1．企業の利潤関数を定式化しなさい。

2. 供給量（利潤を最大にする生産量）はいくらか計算しなさい。
3. 商品が人気になり価格が600円に上昇したとする。このときの供給量はいくらか答えなさい。
4. 一般に価格が P だったときの価格と供給量の関係（供給関数と供給曲線）を導出しなさい。
5. 価格が400円のもとでの企業の利潤を計算しなさい。また、生産者余剰を計算しなさい。

4　経済環境の変化と供給曲線のシフト

　これまでに、生産者は与えられた市場環境のもとで利潤が最大になるように行動していると考え、生産者行動を分析してきました。財・サービスの価格と生産者の最適な生産量（供給量）の関係に注目したのが供給曲線です。財・サービスの価格が変われば財・サービスの供給量が変わるのは当然ですが、市場環境が変化すると財・サービスの価格と供給量の「関係」が変化します。この価格と供給量の関係自体の変化を**供給曲線のシフト**といいます。

4.1　費用の増加

　費用（生産要素価格）が上昇する状況を考えてみましょう。生産者は生産要素を用いて生産活動を行っています。生産者は財・サービスを生産して販売することから得られる追加的な収入の増分（すなわち財・サービスの価格）と追加的費用が一致するように生産量を決定しています。生産要素価格が上昇すると、1単位の生産から得られる収入は変わらないのに対して費用だけが上昇する状況となるため、生産量を減らしたほうがよくなります。供給曲線でいえば、W が W' に上昇するような状況ですから、新たな供給曲線は

$$P = \frac{W'}{H} S$$

図6.7 供給曲線のシフト（費用が増加した場合）

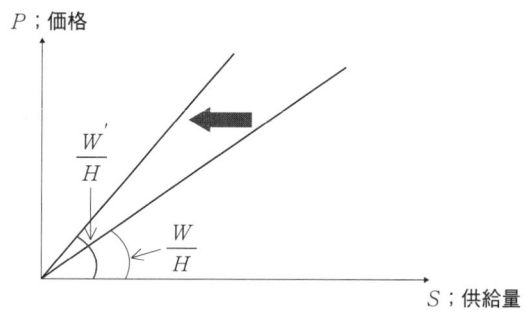

となります。すなわち、生産要素価格の上昇によって供給曲線の傾きが急になり全体的に左側にシフトすることになります。これは図6.7で、右側の供給曲線の傾きが急になり、左側の供給曲線にシフトする状況に相当します。

4．2　生産性の向上

　生産要素投入量を一定とした下でどれだけ生産できるかを表すのが生産性でした。生産性は能力とか技術のようなものです。同じ時間勉強しても集中したりポイントをうまく抑えて勉強することで、成績が違うことがあると思います。また、第2章で学んだように、2人の労働者が生産活動に従事するにしても、2人がバラバラに作業するのか、比較優位に従い特化・分業するかでは、生産できる量が異なります。このように、物理的な生産要素投入の量・時間が一定であっても生産量は異なり得ます。この違いを生み出すのが生産性です。もし生産性が高ければ、財・サービスの価格や生産要素価格が一定であっても、生産要素の限界生産性が高まることによって多くの生産物を生み出すことができます。そのため、生産性が高いほど価格が一定でも多くの供給が可能となります。

　経済モデルにおいて生産性は未知の定数（パラメータ）H として表現できました。H が上昇して H' になるということは、供給曲線の傾きが緩やかになることを意味します。そのため、生産性の上昇は供給曲線を右側にシフトさせる働きがあります。これは図6.8で、左側の供給曲線の傾きが緩やかになり右側

4 ● 経済環境の変化と供給曲線のシフト

図6.8 供給曲線のシフト（生産性が上昇した場合）

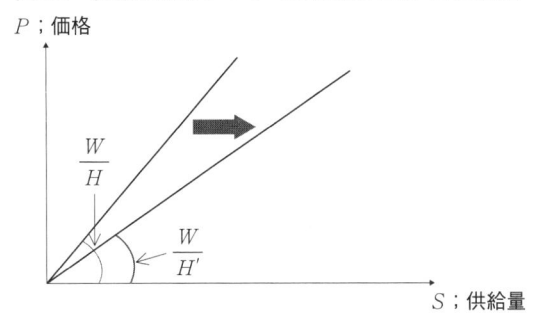

の供給曲線に変化する状況に相当します。

例題 6 - 7
生産性の上昇と供給曲線のシフト

生産関数が

$$y = \sqrt{2Hl}$$

で表されるある財を生産している企業がある。H は生産性、l は生産要素投入量を表す。生産要素価格 W は 2 である。

1. この場合の利潤関数を示しなさい（価格は P として、生産性は H としてそれぞれ表記すること）。
2. 生産性 H が 2 であった場合のある財の供給曲線を導出し、図示しなさい。
3. 生産性 H が 4 に上昇した場合のある財の供給曲線を導出し、図示しなさい。
4. 生産性 H が 2 から 4 に上昇すると供給曲線がどう変化したかを簡単に説明しなさい。

第6章 ● 生産者理論

例題6-8
論述問題（生産者行動の理解の確認）

1. 以下のキーワードを用いて、供給曲線が右上がりになるロジックを120字程度で説明しなさい。**キーワード…価格、限界収入、限界費用**

2. 以下のキーワードを用いて、生産者余剰とは何かを120字程度で説明しなさい。**キーワード…取引価格、留保価格**

3. 近年、外食産業では深夜営業を休止する企業が出ている。深刻な人手不足による人件費の上昇がその原因のひとつとして挙げられる。なぜ人件費の上昇よって深夜営業を休止することになるのか。1日の営業時間をサービス供給量と考えて、以下のキーワードを用いて120字程度で説明しなさい。**キーワード…供給曲線の傾き、供給量の減少、賃金（時給）**

第7章 市場均衡

1 市場と価格

　これまでに財・サービスを購入してそれを消費し効用を高めようとする消費者の行動を分析し、生産要素を用いて財・サービスを生産してそれを販売して利潤を得る生産者（企業）の行動も分析してきました。需要にせよ供給にせよ、財・サービスを消費する、または生産することから得られる追加的な便益と追加的な費用とを勘案し、最適な需要量や供給量が導出できることを示してきました。

　ところで、消費者が財・サービスを購入しようとする場所、生産者が財・サービスを販売しようとする場所のことを**市場**といいました。市場はモノを売ろうとする人々と買おうとする人々が出会う場所です。これは具体的なスーパーマーケットや八百屋でもよいですが、消費者と生産者が出会って相互に需要と供給を調整するような抽象的な場所としてイメージしてください。

　市場において消費者や生産者がある財・サービスの需要量や供給量を決める上で、その価格が重要な役割を果たします。しかし、価格の持つ意味は消費者と生産者では正反対になります。消費者は価格が安いほど得をする（消費者余剰が大きくなる）のに対して、生産者は価格が高いほど得をし（生産者余剰が大きくなり）ます。すなわち、市場において消費者と生産者は利益相反する存在になります。これから説明していくように、**市場においては消費者の希望する需要量と生産者の希望する供給量とがちょうど一致するように価格が決まります**。これを**均衡**といいます。市場で成立する均衡において消費者と生産者の満足度がどのようになっているのでしょうか。本章では、市場が持つさまざまな経済主体の利害を調整する働きについて分析していきます。

第 7 章 ● 市場均衡

● 例題 7–1 ●
穴埋め問題（市場均衡の用語確認）

以下の問題文の空欄を埋めなさい。

消費者が財・サービスを購入しようとする場所、生産者が財・サービスを販売しようとする場所のことを｜ 1 ｜という。｜ 1 ｜は財・サービスを売ろうとする人々と買おうとする人々が出会う場所である。｜ 1 ｜において消費者が｜ 2 ｜を生産者が｜ 3 ｜をそれぞれ決める上で｜ 4 ｜が重要な役割を果たす。

しかし、｜ 4 ｜の持つ意味は｜ 5 ｜と｜ 6 ｜では正反対になる。｜ 5 ｜は価格が安いほど得をする（｜ 5 ｜余剰が｜ 7 ｜なる）のに対して、｜ 6 ｜は価格が高いほど得をする（｜ 6 ｜余剰が｜ 8 ｜なる）。すなわち、市場において｜ 5 ｜と｜ 6 ｜は利益相反する存在になる。市場においては消費者の希望する｜ 2 ｜と生産者の希望する｜ 3 ｜とがちょうど｜ 9 ｜するように価格が決まる。これを｜ 10 ｜という。

2 市場需要曲線と市場供給曲線

2.1 市場需要曲線

これまでは、ある財・サービスについて 1 人の人間の最適な消費行動としての価格と需要量の関係を議論していました。それでは、さまざまな消費者からなる市場全体の需要量がどのようなものになるのかを考えていきましょう。個々の消費者を k と表記します。k は 1 から K までの値を取るとします。例えば、日本全体の市場を考えるのであれば K は 1 億3000万ということになります[1]。

需要量 D は消費者個人の効用を前提とした消費者の需要量なので添え字をつける必要があります。B と A も消費者個人の効用関数に依存して決まる要

因なので添え字をつける必要がありますが、**単純化のために各消費者は同質的であると仮定**しましょう。このように仮定する場合には、添え字を付ける必要はありません。また、価格 P は市場参加者すべてに共通していますから、添え字をつける必要はありません。このとき、消費者個人の需要関数は次のように書けます。

$$D_k = B - AP$$

K 人の需要量の合計である市場需要関数について考えてみましょう。

$$D_1 = B - AP$$

$$D_2 = B - AP$$

$$\vdots$$

$$D_K = B - AP$$

K 人すべての需要量を足し合わせると以下の式が導けます。

$$D_1 + D_2 + \cdots + D_K = (B + B + \cdots + B) - (A + A + \cdots + A)P$$

$$= KB - KAP$$

ここで市場全体の需要量を D_M と書くことにします。

$$D_\mathrm{M} \equiv D_1 + D_2 + \cdots + D_K$$

($\equiv$ という記号は「右辺を左辺のように表記する」ということを表しています。) このとき、市場需要関数は次のように表せます。

$$D_\mathrm{M} = KB - KAP$$

1　1人1人の最適な消費行動と価格の関係を大量の人数で足し合わせるのですから、非常に複雑な概念を考えています。このような概念は日常言語を使い、想像力を働かせるだけでは理解が困難ですが、数学を使うことで理解可能になります。

第 7 章 ● 市場均衡

図7.1　市場需要曲線

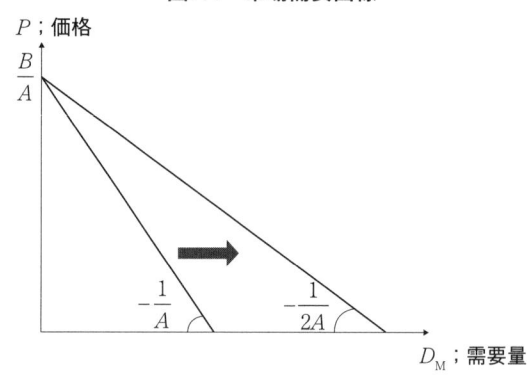

よって、市場需要曲線は

$$P = \frac{B}{A} - \frac{1}{KA} D_\text{M} \tag{7.1}$$

として表すことができます。(7.1) 式から分かるように、市場参加者が多ければ多いほど（K の値が大きくなるほど）市場需要曲線の傾きは緩やかになっていきます。図7.1では市場にいる消費者が1人から2人に変化した場合の市場需要曲線の動きを表しています。

2.2　市場供給曲線

　需要曲線と同様に、複数の生産者がいる場合、市場全体の供給曲線を導出することができます。ただし、生産者の行動を考える場合注意すべき点があります。それは、**生産者（企業）の参入・退出の有無**です。もし、ある市場で企業が利益を上げることができるとします。そうであれば、他の企業もその製品を扱うことで利益を上げようとするでしょう。このように新しい企業が市場にやってくることを**参入**といいます。また、市場において利益を上げられなくなった企業は倒産するなど、市場から**退出**します。このような参入・退出を考えると市場全体の供給曲線の導出はやや複雑なものになります。ここでは、もっとも単純な参入・退出のないケースを説明します。

　1種類の財・サービスを販売している多数の生産者がいるような状況を考え、

2 ● 市場需要曲線と市場供給曲線

各生産者を j と表記します。j は 1 から J までの値を取ることにします。生産者 j の供給量を S_j と表記します。完全競争市場で生産者は価格は自分では設定できず市場で形成される相場で販売すると仮定しているので、価格 P は外生（与えられたもの）です。生産要素価格も自分では操作できないとして考えるので、W は外生です。一方で、生産性は生産者ごとに異なる可能性がありますが、**単純化のために生産性は各生産者とも同質的である**と仮定しましょう。

ここで個別生産者の供給関数は次のように書けます。

$$S_j = \frac{H}{W}P$$

市場には生産者（企業）が J 人（社）いるのでこの供給関数を J 人（社）分足し合わせていきます。

$$S_1 = \frac{H}{W}P$$

$$S_2 = \frac{H}{W}P$$

$$\vdots$$

$$S_J = \frac{H}{W}P$$

$$\Rightarrow \quad (S_1 + S_2 + \cdots + S_J) = \frac{H + H + \cdots + H}{W}P$$

これ以降、特定の生産者の供給量のみ添え字 j をつけることにして、市場全体の供給量を S_M で表記することにします。

$$S_M \equiv S_1 + S_2 + \cdots + S_J$$

すると、市場供給関数は次のように表せます。

$$S_M = \frac{JH}{W}P$$

よって、市場供給曲線は

$$P = \frac{W}{JH}S_M \tag{7.2}$$

と表すことができます。図7.2にあるように、市場参加者が多いほど（(7.2)

第 7 章 ● 市場均衡

図7.2　市場供給曲線

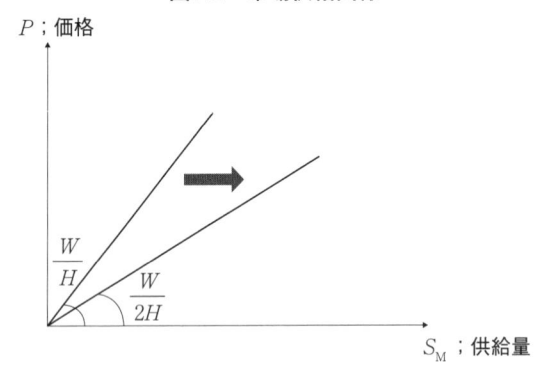

式の J の値が大きくなるほど）供給曲線の傾きは緩やかになり、右方向に傾いていくことが分かります。図7.2では市場にいる生産者が1人（社）から2人（社）に変化した場合の市場供給曲線の動きを表しています。

例題 7 – 2
需要関数の集計

ある市場に2人の消費者（AとB）がいるとする。AとBは同じ家庭環境で育ち、一卵性双生児のため好みや性格は遺伝子上全く同じである。そこで、2人の需要関数が次のように表せるとする。

$$D_A = 10 - 2P$$

$$D_B = 10 - 2P$$

1．2人の需要量を足し合わせた市場需要関数を計算して、それを市場需要曲線（$P =$ の形）として書き表しなさい。
2．前の問題（問題1）で書き表した市場需要曲線を図示しなさい。

例題 7−3
供給関数の集計

ある市場に2社の洋菓子店（AとB）がクッキーを提供しているとする。生産性は2社とも同じと仮定し、生産要素価格やクッキーの価格も2社とも同じとする。AとBそれぞれの供給関数が次のように表せるとする。

$$S_A = \frac{4}{3}P$$

$$S_B = \frac{4}{3}P$$

1．2店の供給量を足し合わせた市場供給関数を計算して、それを市場供給曲線（$P=$ の形）として書き表しなさい。
2．前の問題（問題1）で書き表した市場供給曲線を図示しなさい。

3　市場均衡の導出

これまでに説明してきたように、市場需要曲線は

$$P = \frac{B}{A} - \frac{1}{KA}D_M$$

市場供給曲線は

$$P = \frac{W}{JH}S_M$$

と書けます。

ある財・サービスの価格が高くなるとその財・サービスの需要量は減少しますがその財・サービスの供給量は増加します。価格が安くなると需要量は増加しますが供給量は減少します。ある価格のもとで、需要量よりも供給量のほうが多ければ**超過供給**が生じているといい、供給量よりも需要量のほうが多けれ

第 7 章 ● 市場均衡

ば超過需要が生じているといいます。超過供給が生じているということは、財・サービスを生産したものの買ってくれる人がいないという状態です。超過需要が生じているということは、財・サービスを購入したいのにその財・サービスがないから買えない人がいるという状態です。

もしある価格 P のもとで $D_M = S_M$ となっていたとします。これは、ある価格のもとで需要量と供給量が一致している、すなわち、売りたいと考えている人の売りたい量と買いたいと考えている人の買いたい量がちょうどつりあっている状態にあることを意味します。このような状態を経済学では**市場均衡**といいます。

> **市場均衡**
> ある価格のもとで、需要量と供給量が一致するその価格と取引量の組み合わせを市場均衡といい、その価格を均衡価格、その取引量を均衡取引量という。

均衡における財・サービスの取引量 Q^*（均衡取引量）を $Q^* = D_M = S_M$ とすると、

$$P = \frac{B}{A} - \frac{1}{KA} D_M \tag{7.3}$$

$$P = \frac{W}{JH} S_M \tag{7.4}$$

$$Q^* = D_M = S_M \tag{7.5}$$

(7.5)式より、(7.3)式と(7.4)式はそれぞれ

$$P = \frac{B}{A} - \frac{1}{KA} Q^* \tag{7.6}$$

$$P = \frac{W}{JH} Q^* \tag{7.7}$$

となるわけですから、2本の連立方程式から均衡取引量 Q^* と均衡価格 P^* を

計算することができます。

$$P^* = \frac{KBW}{KAW + JH}$$

$$Q^* = \frac{KJBH}{KAW + JH}$$

となります。

具体的な数値例

(7.3) 式から (7.5) 式を使って、具体的な値で考えてみましょう。$B = 60$、$A = 3$、$W = 1$、$H = 1$、$K = 2$、$J = 2$ と仮定して、ある財・サービスに対する市場需要曲線と市場供給曲線がそれぞれ以下のように与えられているとします。

$$P = \frac{60}{3} - \frac{1}{2 \times 3} D_\mathrm{M} \tag{7.8}$$

$$P = \frac{1}{2 \times 1} S_\mathrm{M} \tag{7.9}$$

$$Q^* = D_\mathrm{M} = S_\mathrm{M} \tag{7.10}$$

(7.10)式より、(7.8)式と(7.9)式はそれぞれ

$$P = 20 - \frac{1}{6} Q^* \tag{7.11}$$

$$P = \frac{1}{2} Q^* \tag{7.12}$$

となります。(7.11) 式と (7.12) 式の 2 本の連立方程式から Q^* と価格 P を計算すれば、均衡取引量と均衡価格を求めることができます。

この状況をグラフで見ていきましょう。図7.3は市場需要曲線と市場供給曲線を図示しています。図7.3に示す市場需要曲線と市場供給曲線の交点に注目しましょう。この点では、ある価格が与えられたときに需要量と供給量とが等しくなっています。この交点が市場均衡を表しており、この交点の座標の組み合わせが均衡価格と均衡取引量となります。2 本の連立方程式から Q^* と価格 P^* を計算するということは、この交点の座標の組み合わせを求めることなのです。(7.11) 式と (7.12) 式から Q^* と価格 P^* を計算すると、$Q^* = 30$、

第 7 章 ● 市場均衡

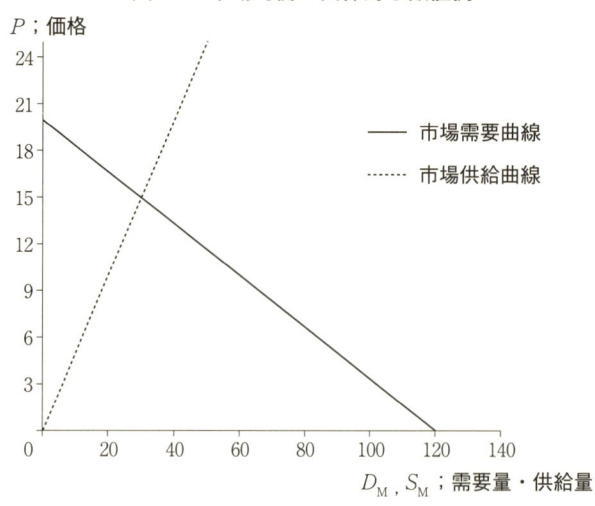

図7.3　市場均衡：具体的な数値例

価格 $P^* = 15$ となります。価格 $P = 15$ ならば取引が円滑に行われる、言いかえれば過不足なしの状態をもたらすので、この価格を均衡価格と表現し、P^* と表記しているのです。

● ●

例題 7 - 4
市場需要曲線と市場供給曲線の均衡

　例題 7 - 2 で書き表した市場需要曲線と例題 7 - 3 で書き表した市場供給曲線から、この市場の均衡価格と均衡取引量を求めて図示しなさい。

● ●

4 社会的余剰

4.1 市場均衡と社会的余剰

これまでに市場において需要量と供給量を調整する価格の働きを考えてきました。ところで、消費者余剰、生産者余剰で議論したように、需要曲線、供給曲線には経済主体の満足度についての情報が含まれています。したがって、市場における均衡は経済主体にとっての望ましさ（経済厚生）という観点からも重要な意味があります。この点について考えていきましょう。特に、**消費者余剰と生産者余剰の合計である社会的余剰がどのようになるかに注目しながら、市場均衡での経済主体の望ましさについて考えていきます。**

市場において需要と供給が調整されるのは市場需要曲線と市場供給曲線が交差する点でした。ここでは需要と供給がちょうどつりあう形で価格が形成されています。このとき、消費者余剰と生産者余剰の合計である社会的余剰は市場需要曲線より下で市場供給曲線よりも上の面積に相当します（図7.4）。この面積の大きさが市場における取引の結果生まれた消費者と生産者の満足度の合計、つまり、社会的な望ましさということになります。

4.2 市場均衡の効率性

価格が市場均衡水準よりも高い場合

それでは、需要と供給が均衡しない状況下での社会的余剰の大きさについて考えていきましょう。まず市場均衡価格よりも価格が高い $\bar{P}$ となっている状況を考えてみましょう（図7.5）。このとき、価格が高いことから市場均衡と比べて需要量は少なく、供給量は大きくなります。**超過供給が発生している状況ですので、市場で成立する取引量は相対的に少ない需要量で決まります。**このときには、消費者余剰と生産者余剰の合計は図の台形 oacg の面積になります。市場均衡における社会的余剰は三角形 oeg の面積に相当しますから明らかに社会的余剰が均衡水準よりも小さくなっていることが分かります。市場均衡の

第7章 ● 市場均衡

図7.4　市場均衡における社会的余剰

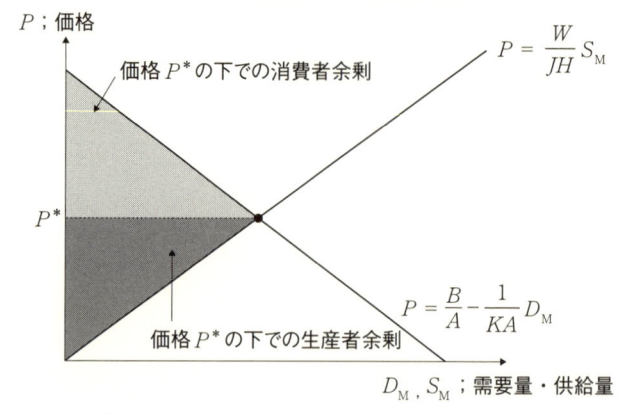

$P = \frac{W}{JH} S_M$

価格 P^* の下での消費者余剰

P^*

価格 P^* の下での生産者余剰

$P = \frac{B}{A} - \frac{1}{KA} D_M$

D_M, S_M；需要量・供給量

図7.5　価格 $\overline{P}$ のもとでの社会的余剰

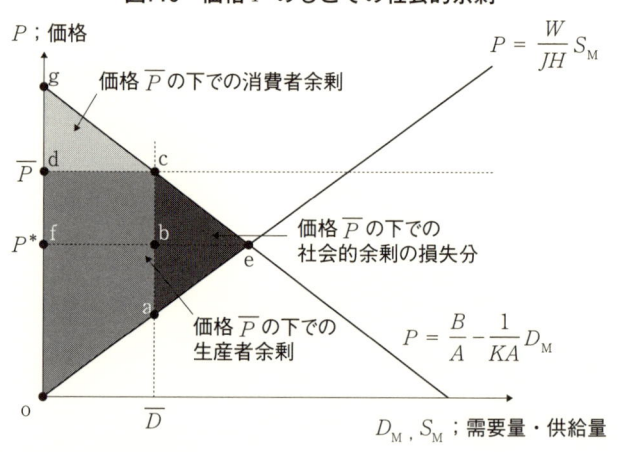

$P = \frac{W}{JH} S_M$

価格 $\overline{P}$ の下での消費者余剰

$\overline{P}$

価格 $\overline{P}$ の下での社会的余剰の損失分

P^*

価格 $\overline{P}$ の下での生産者余剰

$P = \frac{B}{A} - \frac{1}{KA} D_M$

D_M, S_M；需要量・供給量

もとで達成される社会的余剰と、価格 $\overline{P}$ のもとでの社会的余剰の差である三角形 aec の面積は、市場均衡が達成されていないことで生じる**社会的余剰の損失**と解釈することができます。

● 価格が市場均衡水準よりも低い場合

逆に価格が均衡水準よりも安い $\underline{P}$ となっている状況を考えましょう（図7.6）。このときは価格が安いことから需要量は多く、供給量は少なくなります。

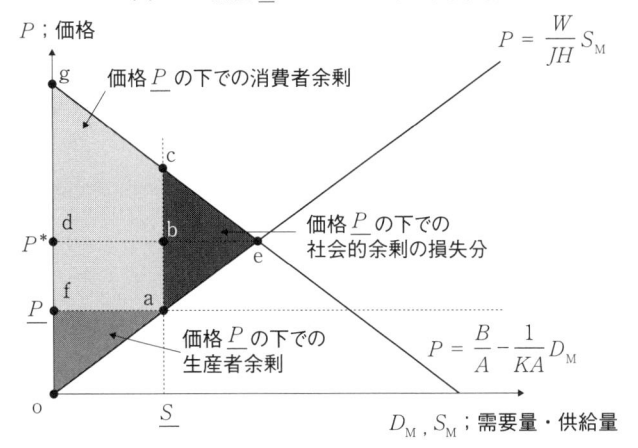

図7.6 価格 $\underline{P}$ のもとでの社会的余剰

超過需要が発生していることになりますので、**市場における需給は相対的に少ない供給側で決まります**。このときの消費者余剰は台形 facg の面積に相当し、生産者余剰は三角形 oaf の面積に相当します。合計である社会的余剰は台形 oacg の面積に相当し、市場均衡における社会的余剰よりも三角形 aec の面積だけ少なくなることが分かります。

● 市場均衡の効率性

均衡価格よりも価格が安かったり高かったりすると、社会的余剰が低下してしまうことが分かります。すなわち、市場均衡において成立する均衡価格と均衡取引量は、社会的余剰を最大にしています。市場均衡は需要と供給を調整するような価格と取引量の組み合わせであると同時に、社会的余剰を最大化しているわけです。市場均衡における配分は、社会的にみてもっとも望ましい配分ということになります。このように「余剰に無駄がない」配分を効率的な配分といいます。すなわち、**市場均衡配分は効率的な配分**ということになります。

第7章 ● 市場均衡

> **市場均衡の効率性**
> 市場均衡で達成される配分（価格と取引量の組み合わせ）は社会的余剰を最大にするような効率的な配分である。

■市場均衡の社会的望ましさと個別主体のインセンティブ

　市場均衡が社会的余剰を最大化するということは、市場均衡が社会的に望ましいということを意味しています。しかし、個々の消費者や生産者にとっても望ましいということを意味するわけではありません。例えば、図7.5で図示されるような価格が均衡水準よりも高い状況において、消費者余剰が市場均衡水準よりも低下することは明らかです。しかし、生産者にとって生産者余剰が社会的最適水準よりも小さいかどうかは明らかではありません。生産者にとって価格が均衡水準よりも高いことによって得られる生産者余剰は台形 oacd の面積です。これは、市場均衡のもとで得られる生産者余剰の三角形 oef の面積と比較して、四角形 fbcd の部分が加わる一方で、三角形 aeb が減少しています。もし、三角形 aeb よりも四角形 fbcd の面積のほうが大きいならば、生産者としては価格が市場均衡水準よりも高い $\bar{P}$ のほうが生産者余剰が高く望ましいということになります。同様の議論は、均衡水準よりも価格が低いとき、生産者余剰が低下する一方で消費者余剰は上昇する可能性があることを意味しています。

　この議論は、消費者や生産者としては価格を均衡水準よりも自分に有利な方向に誘導するインセンティブがあるかもしれないということを意味しています。完全競争市場であれば、そのような価格誘導はできません。しかし、完全競争が成立しないような状況では、価格が市場均衡水準とは一致せず、社会的余剰もその分低下することが考えられます。逆にいえば、市場において競争状態が保たれるということが社会的に望ましいということになります。

> **例題 7-5**
>
> **市場均衡のもとでの社会的余剰の計算**
>
> 例題 7-4 で求めた均衡における社会的余剰の大きさを計算しなさい。

5 経済環境の変化と市場均衡の変化

5.1 比較静学分析

　消費者行動や生産者行動で説明したように、消費者や生産者の置かれた環境が変化すると、消費者や生産者の意思決定が変化し、需要量・供給量と価格の関係そのものが変化します。そのような需要量・供給量と価格との関係の変化は、市場において最終的に達成される均衡に影響を与えます。**需要量・供給量と価格の関係の変化と市場均衡の変化の間を分析する方法を比較静学分析といいます。**

5.2 消費者行動の変化

財・サービスへの好みの変化

　消費者行動が変化する状況として、まず、消費者の好みが変化する前後の状況を考えましょう。何らかの要因で多くの人がある財・サービスを好むようになる前となった後とで、市場均衡にどのような違いが生まれるでしょうか。多くの人が何かを欲しがるようになるという状態を表す定式化はいろいろあり得ますが、**財1単位の消費から得られる効用が上昇するケース**を考えましょう。効用関数では B という未知の定数（パラメータ）が重要な役割を果たしていました。人々があるものを好むようになる前の状況を B、なった後の状況を B' として定式化してみましょう。

第 7 章 ● 市場均衡

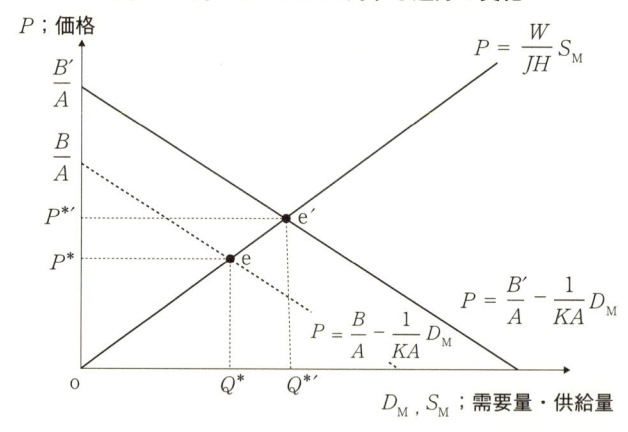

図7.7 財・サービスに対する選好の変化

図7.7のように、好むようになる前の状況を表す市場需要曲線は $P = \frac{B}{A} - \frac{1}{KA}D_M$（点線）として表されます。一方、好むようになった後の市場需要曲線は $P = \frac{B'}{A} - \frac{1}{KA}D_M$（実線）として表されます。なる前となった後とで市場需要曲線に違いが生じるため、均衡も異なります。好みが変わった後の均衡価格は $P^{*\prime}$ で、均衡取引量は $Q^{*\prime}$ になります。$P^{*\prime} > P^*$、$Q^{*\prime} > Q^*$ となっていることに注意してください。

● 新たな消費者の参加

次に、新たな消費者が参加する前と後とを比較しましょう。例えば、次のような状況を想像してください。

- 日本酒やマグロなどの日本食が日本の中でしか消費されていなかった状況と、海外のグルメ愛好家に注目された結果外国でも消費されるようになった状況。
- 中国やアジアの国々の経済が成長する前の状況と、経済が成長して生産活動が活発になった結果、原油を大量に消費するようになった状況。
- あるアイドルを人気が出る前からコンサートに行って応援していた状況と、人気が出て多くのファンが生まれてコンサートのチケットを買おう

5 ● 経済環境の変化と市場均衡の変化

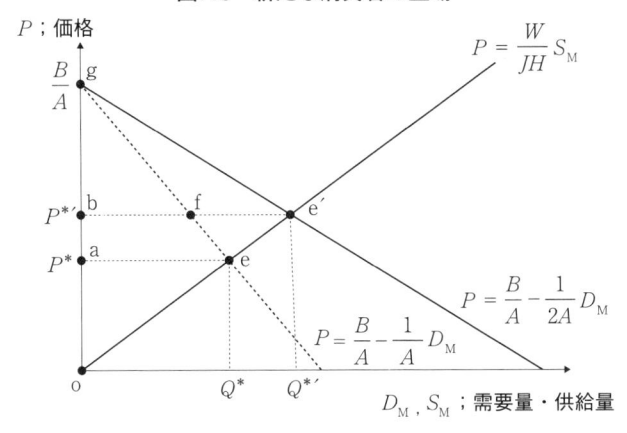

図7.8　新たな消費者の登場

とする人が増えた状況。

単純化のために新たに参入する消費者はこれまでの消費者と同質であると仮定します。図7.8を見ながら確認しましょう。消費者が増加する前（例えば、市場参加者の数が1）の市場需要曲線が $P = \frac{B}{A} - \frac{1}{A}D_M$（点線）で表されています。消費者が増加した後（市場参加者の数が2）の市場需要曲線はy切片を一定として傾きが緩やかになるような形になる $P = \frac{B}{A} - \frac{1}{2A}D_M$（実線）として表わされます。

消費者が増える前と後とでは、均衡取引量は Q^* と $Q^{*\prime}$、均衡価格も P^* と $P^{*\prime}$ というように異なります。すなわち、消費者の数が増える前と比較すると、増えた後の均衡取引量と均衡価格は上昇することが分かります。

この状況は余剰の大きさ（経済厚生）にとって非常に面白い含意があります。価格と取引量が上昇するため、生産者余剰が拡大することは明らかです。一方で、消費者余剰は三角形 aeg の面積から、三角形 be′g の面積へと変化します。消費者余剰の低下分は台形 aefb の大きさに相当し、新たな余剰の増加は三角形 fe′g の大きさに相当します。前者が後者より大きければ、新たな消費者の登場により消費者余剰は低下する可能性があります。

さらに、従来からの消費者の余剰は三角形 aeg から、三角形 bfg へ減少して

157

います。すなわち、消費者余剰の減少分はそのまま従来からいた消費者の余剰の低下であることが分かります。新しい消費者が財を需要する行為自体は従来の消費者に対してなんら不利益を与える行為ではありません。しかし、市場を通じて価格が上昇するという形で、従来の消費者に不利益を与えていることが分かります。このような効果を**金銭的外部性**といいます。

冒頭の例、海外のグルメ愛好家による日本酒や日本食ブーム、新興国の登場による原油需要の増加、新規ファンの登場によるアイドルグループのコンサートチケット人気はいずれにしても、生産者としてはうれしいことでしょうが、従来からの消費者にとっては望ましくない効果を持っていることが分かります。

このような状況では、生産者余剰の増加分である台形 aee′b のうち、台形 aefb は既存の消費者の余剰の低下の結果として受け取る部分になり、三角形 ee′f の部分が純粋に生産者余剰が増加した分です。企業が新たな消費者を獲得することは、従来からの消費者に対して不利益を与える可能性があることを示唆しています。

現実の世の中では「昔からの常連さん・お得意様」を大切にするようなさまざまな工夫があります。日本酒の酒造であれば長年のお客さんにだけしか売らないような秘蔵のお酒があるかもしれません。アイドルグループのファンならばファンクラブに昔から加入しているファン限定のイベントを開催するなどするかもしれません。このような措置は企業が新たな消費者を獲得することから生じる既存顧客の不利益を企業の増加した余剰から補てんするような意味があるのかもしれません。一方で、新興国が経済発展するようになり、原油の需要が高まり、原油価格が上昇したとしても、原油生産者が昔からの取引相手に便宜を図るかどうかは不明です。おそらくそのような配慮はないでしょう。このように、単純な需要曲線の動きでもその背後にはさまざまな消費者と企業の間の複雑な関係を読み取ることができます。

● 貨幣価値の変化

人々が財・サービスの消費ではなく、貨幣保有に対してどのような価値を感じるかは A という未知の定数（パラメータ）で決まっていました。この A の変化は市場均衡にどのような影響を与えるでしょうか。例えば、人々が貨幣を

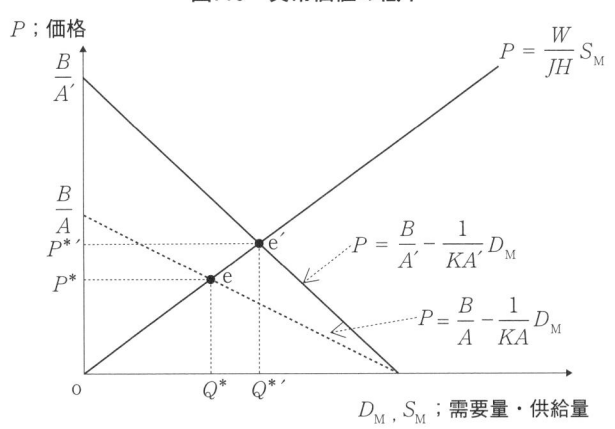

図7.9 貨幣価値の低下

[図: 縦軸 P; 価格、横軸 D_M, S_M; 需要量・供給量。供給曲線 $P = \frac{W}{JH} S_M$、需要曲線 $P = \frac{B}{A'} - \frac{1}{KA'} D_M$(実線、切片 $\frac{B}{A'}$)および $P = \frac{B}{A} - \frac{1}{KA} D_M$(破線、切片 $\frac{B}{A}$)。均衡点 e で (Q^*, P^*)、e' で $(Q^{*\prime}, P^{*\prime})$。]

保有しておくことにあまり価値を感じなくなったとします。貨幣保有に価値を感じている状況を A、価値を感じなくなった状況を A' として表現してみましょう。$A > A'$ より、$\frac{B}{A} < \frac{B}{A'}$ となります。よって、価値を感じている状況を表す市場需要曲線よりも、価値を感じていない状況を表す市場需要曲線のほうが傾きは急になります。貨幣価値の変化で議論したように、これは横軸との交点を一定に保ったまま市場需要曲線の傾きだけが急となる状況ですから、図7.9のような状況になります。均衡における取引量を比較しましょう。価値を感じているときは Q^*、価値を感じていないときは $Q^{*\prime}$ となってます。均衡価格に注目すると、価値を感じているときは P^* であるのに対して、価値を感じていないときは $P^{*\prime}$ です。貨幣保有に対して価値を感じなくなると、取引量は拡大し価格は上昇するわけです。なお、一つの市場だけでなく、財・サービス全体の価格が上昇していくことを**インフレーション**、略してインフレといいます。財・サービスの全体価格が下落していくことを**デフレーション**、略してデフレといいます。

第7章 ● 市場均衡

> ### 例題 7-6
> ### 古参ファンがにわかファンを嫌う理由

サッカーやアイドルのファンの間には「にわか批判」と呼ばれる争いがある。これは、古参のファンやシリアスなファンが新参のファンやライトなファンを「にわか者」と批判することである。例えば、「マツコ＆有吉の怒り新党」というテレビ朝日のバラエティ番組に関連し、以下のようなネット記事があった。

---「にわか」批判するコアなサッカーファンに苦言「昔に戻っちゃうよ」---

　きっかけは、視聴者から寄せられた「サッカーの日本代表が勝利した時『街中で騒ぐサポーター達』に腹が立つ」という怒りのメール。投稿者はサッカーを見るのが大好きで、日本代表戦だけでなくＪリーグでも好きなチームの試合は毎週見ているという。日頃のＪリーグの試合には観客が少ないとすら感じるのに、代表選になると街中に集まり、騒ぐサポーターをみかけるため「ただ騒ぎたいだけの人なんじゃないか？」と思い腹がたつというのだ。（中略）

　有吉は「『にわかだから騒ぐな』っていうのは、俺は好きじゃない」「にわかを馬鹿にするんだったら、サッカーに人生を注がなきゃだめよ」と、ライトなサッカーファンを批判する投稿者に苦言を呈している。ヨーロッパの熱狂的なファンのように、サッカーのために仕事をする程の愛がない限りは「にわかファン」を馬鹿にするなというのだ。有吉はさらに「『サッカーを見るな、騒ぐな』って言って、にわかファンがふてくされちゃったらどうなるって話なのよ」「昔に戻っちゃうよ、辛い時期に。にわかも巻き込んでこそでしょ？」と続け、「にわかファン批判」を行うことで日本サッカー界が衰退する危険性を力説し始めた。

出典：わんをを！（http://wan2o.com/archives/ariyoshi-matsuko-ikarisintou-soccer.html）2013年7月24日放送「マツコ＆有吉の怒り新党」（テレビ朝日系）

5 ● 経済環境の変化と市場均衡の変化

このにわか批判を市場均衡の観点から考えてみる。生産者をサッカーやアイドルなどファンにエンターテイメントを提供する側、消費者をファンとする。（価格は試合やコンサートのチケットの代金のようなものをイメージする。）市場供給曲線が以下のように表せるとする。P を価格、S_M を市場供給量とする。

$$P = S_M$$

コアなファンの需要量を D_C としてコアなファンの需要関数が次のように表せるとする。

$$D_C = 10 - P$$

にわかファンの需要量を D_N としてにわかファンの需要関数が以下のように表せるとする。

$$D_N = 10 - P$$

1. 市場にコアなファンしかいない場合の市場均衡での取引量と価格を計算しなさい。（コアなファンの）消費者余剰、生産者余剰、社会的余剰の大きさを計算しなさい。また、市場需要曲線、市場供給曲線、各余剰の大きさを図示しなさい。
2. にわかファンが増えたとする。コアなファンとにわかファンの需要量の合計を $D_M = D_C + D_N$ とする。この場合の市場需要曲線を導出し、市場均衡での取引量と価格を計算しなさい。消費者余剰、生産者余剰、社会的余剰の大きさを計算しなさい。また、市場需要曲線、市場供給曲線、各余剰の大きさを図に示しなさい。
3. にわかファンが増えた後の市場均衡価格のもとでのコアなファンの消費者余剰を計算しなさい。にわかファンが増えたことにより、コアなファンの消費者余剰はどのように変化したか答えなさい。また、にわかファンが増える前と後で生産者余剰や社会的余剰がどのように変化するかを答えなさい。
4. 有吉さんの「『昔に戻っちゃうよ、辛い時期に。にわかも巻き込んでこそでしょ？』と続け、『にわかファン批判』を行うことで日本サッカー界が衰退する危険性を力説し始めた。」という発言を、本問のモデル分析、特に余剰の観点から説明した文として適切なものを選択しなさい。

(a) にわかファンの増加はコアなファンの消費者余剰を増やしているにも関わらず、生産者余剰を引き下げてしまう。そのためコアなファンはにわかファンを批判している。これに対して有吉さんの発言は「にわかファンのおかげでコアなファンは余剰を増やしていることを自覚しなければいけない」という意味がある。

(b) にわかファンの増加はコアなファンの消費者余剰を減らしているが生産者余剰は引き上げている。そのためコアなファンはにわかファンを批判している。これに対して有吉さんの発言は「にわかファンのおかげでコアなファンが応援している生産者は余剰を増やすことができ、それが生産者の発展につながることを自覚しなければいけない」という意味がある。

5.3 生産者行動の変化

生産費用・生産性・生産者数の変化

生産者行動が変化する状況を考えていきましょう。生産者は生産要素を用いて財・サービスの生産を行っています。生産要素を利用するための費用である生産要素価格が変化した場合、または生産要素投入量1単位当たりの生産量である生産性が変化した場合、市場供給曲線は変化します。また、市場にいる企業の数が増えたとしても、市場供給曲線は変化します。このような市場供給曲線の変化が市場均衡にどのような影響を与えるのかについて考えてみましょう。

最初に、生産要素価格の変化について確認しましょう。生産要素価格は W で表されていました。W が W' に低下したとしましょう。図7.10で示すように、W が低下する前の状況を表す市場供給曲線は $P = \frac{W}{JH} S_\mathrm{M}$（点線）です。$W$ が低下すると、市場供給曲線は

$$P = \frac{W'}{JH} S_\mathrm{M} \quad (実線)$$

として表わされます。生産要素価格が低下する前と後を比較すると、均衡取引量は Q^* から $Q^{*\prime}$ へ増加するのに対して、均衡価格は P^* から $P^{*\prime}$ へ低下しています。

5 ● 経済環境の変化と市場均衡の変化

図7.10 生産要素価格の低下

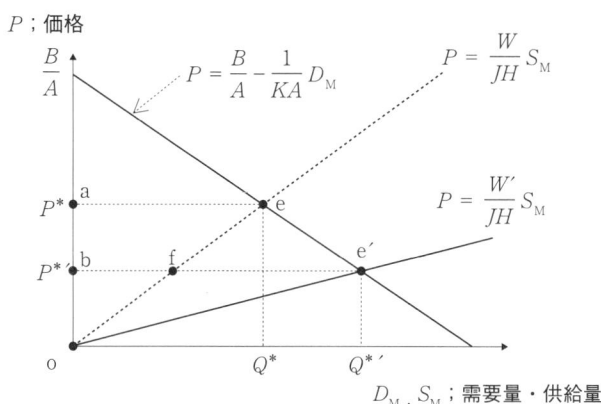

P；価格

$\dfrac{B}{A}$

$P = \dfrac{B}{A} - \dfrac{1}{KA} D_\mathrm{M}$

$P = \dfrac{W}{JH} S_\mathrm{M}$

P^* a

$P = \dfrac{W'}{JH} S_\mathrm{M}$

$P^{*\prime}$ b f e′

o Q^* $Q^{*\prime}$

$D_\mathrm{M}, S_\mathrm{M}$；需要量・供給量

図7.11 生産性の上昇

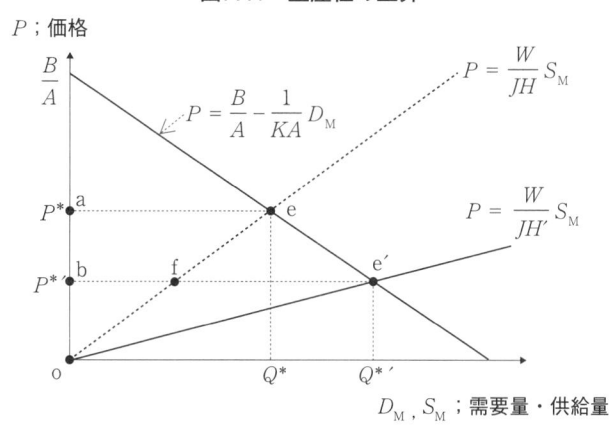

P；価格

$\dfrac{B}{A}$

$P = \dfrac{B}{A} - \dfrac{1}{KA} D_\mathrm{M}$

$P = \dfrac{W}{JH} S_\mathrm{M}$

P^* a e

$P = \dfrac{W}{JH'} S_\mathrm{M}$

$P^{*\prime}$ b f e′

o Q^* $Q^{*\prime}$

$D_\mathrm{M}, S_\mathrm{M}$；需要量・供給量

　次に、生産性の変化について確認しましょう。生産性は H で表されていました。生産性 H が H' に上昇したとしましょう。図7.11で示すように、H が上昇する前の状況を表す市場供給曲線が $P = \dfrac{W}{JH} S_\mathrm{M}$（点線）です。$H$ が上昇すると、市場供給曲線は

$$P = \dfrac{W}{JH'} S_\mathrm{M}（実線）$$

として表わされます。生産性が上昇する前と後を比較すると、均衡取引量は Q^*

第7章 ● 市場均衡

図7.12 生産者数の増加

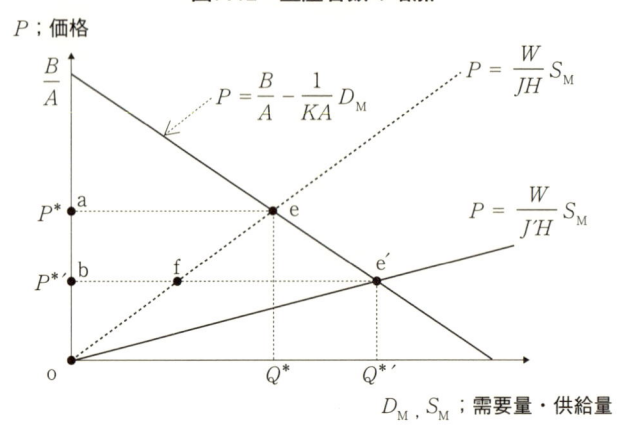

から $Q^{*\prime}$ へ増加するのに対して、均衡価格は P^* から $P^{*\prime}$ へと低下しています。

最後に、生産者数の変化について確認しましょう。生産者の数は J で表されていました。生産者数が J から J' に増加したとしましょう。図7.12で示すように、J が増加する前の状況を表す市場供給曲線は $P = \frac{W}{JH} S_M$（点線）です。J が増加すると、市場供給曲線は

$$P = \frac{W}{J'H} S_M（実線）$$

として表わされます。生産者の数が増える前と後を比較すると、均衡取引量は Q^* から $Q^{*\prime}$ へ増加していますが、均衡価格は P^* から $P^{*\prime}$ に低下しています。

生産要素価格の低下、生産性の上昇、生産者数の増加は市場供給曲線に似たような変化を促すことが分かります。均衡取引量、価格に与える影響も似ています。また、いずれのケースでも社会的余剰は増大することが分かります。興味深い点として生産要素価格の低下や生産性の上昇、生産者数の増加は社会的余剰を拡大させる一方で、生産者余剰を拡大させるとは限らないことも分かります。

生産性の上昇や生産費用の低下により、生産者余剰は三角形 oea から、三角形 oe′b に変化します。すなわち、生産者余剰は台形 bfea の分だけ低下し、三角形 oe′f の分だけ増加することになります。もし後者が前者よりも大きいな

らば、生産者にとって生産性の上昇や生産費用の低下は望ましいことが分かります。しかしながら、後者が前者よりも小さいならば、生産者にとって生産性上昇や生産費用の低下は望ましいものではありません。

完全競争市場においては、個々の生産者（企業）はそれが自らの余剰を低下させる可能性があったとしても、新しい技術を採用し生産性を上昇させる、または、より費用の安い生産要素で生産しなくてはなりません。なぜならば、自分（自社）がその技術を採用しなければ、他者（他社）がその技術を使ってより有利な条件で生産を行うことで自分（自社）の余剰は低下してしまうからです。一方で、独占市場の場合、新しい技術が社会的余剰を拡大させるとしても、生産者（企業）にとって望ましくないならば、必ずしも新技術を採用するインセンティブがないことが知られています。

また、生産者数が増加した場合の解釈についても考えてみましょう。参入前の生産者余剰は三角形 oea の面積ですが、新しい生産者が参入して市場供給曲線が右にシフトすることで既存企業の生産者余剰が三角形 ofb まで減少してしまいます。市場供給曲線がシフトすることによる従来の生産者余剰の減少分（台形 bfea の面積）はそのまま既存企業の損失であることが分かります。このことから、生産者（企業）は新規の生産者（企業）の参入を嫌がることが分かります。

●● ●

例題 7-7
技術革新は望ましいか？

技術革新は人類の進歩の原動力であると同時に、人々の生活を苦しめるきっかけにもなってきた。

19世紀前半（今から約200年前）、産業革命の進展するイギリスにおいて、労働者による機械打ちこわし運動が発生した。機械を使った織物生産が普及した結果、従来の手を使った織物生産に従事していた労働者が職を奪われたと感じ、機械を破壊しようとしたのである。この運動は最初に機械を壊し始めた「ネッド・ラッド」という人物にちなみ「ラッダイト運動」と呼ばれている。

第7章 ● 市場均衡

　現代社会においても、ハイテク技術の進化により個人の雇用機会が奪われることが懸念され、ハイテク技術の利用を控えるべきだという考え方がある。これは「ネオ・ラッダイト運動」と呼ばれている。例えば、日本においては外食産業のある企業やアパレル産業のある企業は極めて安価に質の高い財・サービスを提供している。それは消費者にとっては望ましいことである。しかし、ハイテクなシステムを備えている産業では、高度な機械設備やネットワークがサービスの中心になっており、そこで働く労働者は比較的替えが効く。そのため、そのような産業で働いている労働者は比較的安い賃金で働かなければならない。とすると、ハイテク技術を利用した社会では、安価で質の高いサービスが提供されている一方、比較的安い賃金で働く人が存在するということを意味している。低い賃金で長時間にわたり労働者を酷使する「ブラック企業」の存在はこのような社会的背景と密接な関係があると考えられる。そこで、技術革新に対して反対する運動があることを市場均衡の観点から考えていこう。

　市場需要曲線が次のように表せるとする。

$$P = 10 - D_M$$

ただし P は価格、D_M は需要量とする。技術革新は価格が一定のもとでの生産者の生産数量を拡大させる、すなわち、市場供給曲線を右シフトさせることになる。

1. S_M を供給量として市場供給曲線は次のように表せるとする。

$$P = 2S_M$$

　このときの市場需要曲線と市場供給曲線を図示しなさい。また、市場均衡の取引量と価格を計算し、生産者余剰、消費者余剰、社会的余剰を求めなさい。

2. 技術革新があり、市場供給曲線は次のように変化したとしよう。

$$P = S_M$$

　このときの市場需要曲線と市場供給曲線を図示しなさい。また、技術革新後の市場均衡の取引量と価格を計算し、生産者余剰、消費者余剰、社会的余剰を求めなさい。さらに、この技術革新は消費者と生産者にとって余剰の観点から望ましいものかどうかを答えなさい。

3. さらなる技術革新があり、市場供給曲線は次のように変化したとする。

5 ● 経済環境の変化と市場均衡の変化

$$P = \frac{1}{2}S_M$$

このときの市場需要曲線と市場供給曲線を図示しなさい。また、この技術革新後の市場均衡の取引量と価格を計算し、生産者余剰、消費者余剰、社会的余剰を求めなさい。さらに、この技術革新は消費者と生産者にとって余剰の観点から望ましいものかどうか、答えなさい。

4. 生産者と社会にとっての技術革新の望ましさについて説明した以下の文のうち、本問のモデル分析と整合的なものはどちらか答えなさい。

    (a) 問題1から問題2への市場供給曲線の変化も、問題2から問題3への市場供給曲線の変化も、どちらも技術革新は社会的余剰を拡大させる。したがって、技術革新は社会的に望ましいため放っておいても自然と技術革新が行われ続ける。

    (b) 問題2から問題3への市場供給曲線の変化は生産者余剰を引き下げてしまう。そのため、技術革新を起こすかどうか決めるのが生産者である場合、技術革新を起こすインセンティブがない。しかし、社会的余剰は拡大するため、生産者が技術革新を起こすインセンティブを持てるような社会的仕組みが必要になる。

例題 7-8
自由貿易協定に反対する人がいるのはなぜか？

「環太平洋パートナーシップ（TPP）協定」は多くの国を巻き込む自由貿易協定である。日本では2010年頃からTPPに加盟するかどうかの議論が始まり、国内で賛否が分かれる状態にあった。TPPは自由貿易を促進する枠組みであり、TPPに加盟すると他の加盟国の市場で日本の企業がビジネスをやりやすくなると同時に、外国の生産者も日本の市場に参入しやすくなる。このTPPに対し農業業界は反対を表明していた。それは、日本がTPPに加盟すると外国の農業生産物が日本に入ってくることを懸念しているからであろう。そこで、市場需要曲線と市場供給曲線を利用してTPPが国内の農業に与える影響を分析してみる。

今、Pを価格、D_Mを需要量として国内の農産物の市場需要曲線が次のように表せるとする。

第7章 ● 市場均衡

$$P = 10 - D_M$$

ここで国内農産物生産者の供給量を S_J とし供給曲線が次のように表せるとする。

$$P = S_J$$

また、外国の農産物生産者の供給量 S_F とし供給曲線が次のように表せるとする。

$$P = S_F$$

1. 外国の生産者の参入を禁止していて、国内生産者しかいない状況を考える。市場均衡における取引量と価格を計算しなさい。また、消費者余剰、生産者余剰、社会的余剰の大きさを計算しなさい。同時に市場需要曲線、市場供給曲線とそれぞれの余剰の大きさを図示しなさい。

2. TPPに加盟して、外国の生産者が国内市場に参入したとする。供給量の全体を $S_M = S_J + S_F$ とする。このとき、国内の生産者と外国の生産者の合計となる市場供給曲線を図示しなさい。また、TPP加盟後の市場均衡における取引量と価格を計算しなさい。さらに、消費者余剰、生産者余剰、社会的余剰の大きさを計算しなさい。同時に、市場需要曲線、市場供給曲線とそれぞれの余剰の大きさを図示しなさい。

3. TPP加盟後の価格のもとでの国内生産者の余剰の大きさを計算しなさい。そして、TPP加盟の前と後での生産者余剰の大きさを比較しなさい。

4. TPPに反対する意見があることを説明する文章として本問のモデル分析と整合的なものを選択しなさい。

    (a) TPPは海外の生産者が販売する財が国内で流通するようになることを意味する。海外で生産された財には品質や安全性の面で問題がある可能性があるため、消費者を中心に反対意見が表明されている。

    (b) TPPは海外の生産者が販売する財が国内で流通するようになることを意味する。そのため、既存の国内生産者からすると、価格が下がり均衡における生産量を引き下げることになる。すなわち既存の国内生産者の生産者余剰が減少する可能性がある。そのため、TPPによる海外生産者との競争に対して否定的になる。

第 8 章　経営・政策分析への応用

1　取引費用

取引費用がある場合の需要と供給

　これまでの議論では、予算や費用の制約があるものの消費者や企業は与えられた価格のもとで自由に取引できることを想定していました。しかしながら、このような想定は非常に単純化したものです。現実の経済における取引はもっと複雑です。そこで、本節ではこれまで考慮していなかった取引に伴うさまざまな困難が経済行動に与える影響について考えていきましょう。

　まずは、取引に付随して生じるさまざまな困難を単純化して捉えてみましょう。消費者は財・サービスの購入の対価として企業に対して価格 P を支払います。しかしながら、消費者が財・サービスを購入するためにお店に出向く必要があるならば、購入する度に一定の金額や時間を費用として支払う必要があります。消費者が財・サービスを輸送する必要があるのなら、その輸送費用も財・サービスの購入の対価以外に必要になるでしょう。また、企業が生産した財・サービスを多くの消費者に行き渡らせるためには生産した財を輸送・管理する必要があります。この費用は生産にかかる費用とは別途発生すると考えられます。

　また、消費者にとって企業が販売している財・サービスの内容（質）がどのようなものであるか事前には分からないことも考えられます。このような現象を**情報の非対称性**といいます。情報の非対称性が存在する場合、財・サービスの情報を収集して比較検討するために時間をかける必要や、専門の業者に情報収集を依頼する必要が生じることもあるかもしれません。このような情報収集活動には費用が伴います。企業も財・サービスの輸送や宣伝活動をするためにはその財・サービスの生産に要した費用以外の費用が必要になります。

第8章 ● 経営・政策分析への応用

　もし、生産活動に伴って環境が破壊されるのならば、企業がその修復費用を直接負担するかどうかは別として、何らかの形で社会的な負担が生じているといえます。円滑な経済活動を行う前提には政府が所有権を確定・保護し違反者に対しては罰則を与えたり、道路などの公共財を供給する必要があります。このような政府の活動を支えるために支払う税金も、取引に伴って生じる費用といえるでしょう。そこで、このような財・サービスの取引に伴って生じるさまざまな費用を一括して**取引費用**ということにします。

　取引費用の発生要因はさまざま考えられますが、ここでは議論を簡単にするために、消費量や生産量に伴って定額の費用が生じると考えていきます。**消費者が1単位の消費を行う上で支払わなければいけない費用を T、生産者が1単位の生産を行う上で支払わなければいけない費用を E** とします。

　次に、消費者の効用最大化問題を定式化してみましょう。これまで学んだように、効用関数は財・サービスの消費量 c から得られる効用と貨幣保有量 m から得られる効用の和で表現できるとします。

$$U = -\frac{1}{2}c^2 + Bc + Am$$

予算制約は所得 I、財・サービスの価格 P に対して以下のように書き表すことができます。

$$I = (P+T)c + m$$

この式を $m = I-(P+T)c$ と書きかえ、効用関数に代入して整理すると、以下のようになります。

$$U = -\frac{1}{2}c^2 + \{B - A(P+T)\}c + AI$$

効用を最大にする消費量を需要量 D とすると、以下の需要関数が導けます。

$$D = B - AT - AP$$

逆需要関数（需要曲線）は以下のように表せます。

$$P = \frac{B}{A} - T + \frac{1}{A}D \tag{8.1}$$

(8.1)式より、取引費用 T の分だけ需要曲線が下側にシフトすることが分かります。なお、ここでは単純化のために市場における消費者の数は 1 と基準化します。

　続いて、生産者の利潤最大化行動を定式化してみましょう。利潤は収入から費用を引いたものです。費用は生産要素への対価の支払いであり、生産関数 $y = \sqrt{2Hl}$ に由来する次の式で示すことができました。

$$Wl = \frac{W}{2H}y^2$$

また、これ以外に取引費用 Ey がかかるため、費用は $\frac{W}{2H}y^2 + Ey$ になります。よって、利潤関数は以下のようになります。

$$\pi = Py - \left(\frac{W}{2H}y^2 + Ey\right)$$

企業の利潤が最大になる生産量を供給量 S とすると、以下の供給関数が導けます。

$$S = \frac{H}{W}(P - E)$$

供給曲線は以下のように表せます。

$$P = \frac{W}{H}S + E \tag{8.2}$$

(8.2)式より、取引費用 E の分だけ供給曲線が上側にシフトすることが分かります。なお、ここでは単純化のために市場における企業の数は 1 と基準化します。

第8章 ● 経営・政策分析への応用

例題 8-1
論述問題（取引費用の理解の確認）

　企業がある財・サービスを生産するためには、労働サービスという生産要素が必要である。よって、労働サービスが取引される「労働市場」においては、需要曲線が企業の行動を示している。この需要曲線を「労働需要曲線」という。労働需要曲線とは、賃金（縦軸）と労働需要量（横軸）との関係を表したものである。

　ところで、職業安定法では、職業紹介事業者が職業紹介を行った場合の手数料や紹介料について、仕事を探している人（求職者）から徴収することを禁じている。そのため、労働市場においては、企業（求人者）が職業紹介に係る取引費用を負担すると見なすことができる。ハローワーク（公共職業安定所）の主な仕事のひとつは、企業への無料職業紹介である。ここで、ハローワークの利用が中小零細企業の労働需要曲線に与える影響を以下のキーワードを用いて120字程度で説明しなさい。

キーワード…取引費用、労働需要曲線、シフト

取引費用のある市場の市場均衡

　それでは、取引費用が存在する場合の市場均衡について考えてみましょう。以下では議論を単純化するために、**取引費用は企業のみが負担するものとします**。市場均衡は図8.1の市場需要曲線と市場供給曲線のようになります。S_{1M}は取引費用がない場合の市場供給曲線であり、S_{2M}は1単位の財・サービスの生産に対して定額Eの費用がかかる場合の市場供給曲線です。D_Mは市場需要曲線です。もし、企業に取引費用がかからなければ、市場均衡は市場供給曲線S_{1M}と市場需要曲線D_Mの交点である点aとなります。一方で、企業が取引費用を支払う必要がある場合、市場均衡は市場供給曲線S_{2M}と市場需要曲線D_Mの交点である点dとなります。取引費用を企業が負担しなければならない分だけ供給量が減少し、市場供給曲線が左側にシフトします。そのため、取引費用がかからない場合の市場均衡と比べて価格が高く、取引量は少なくなっていることが分かります。取引費用のある市場の均衡で消費者が支払う価格は$P^{*'}$

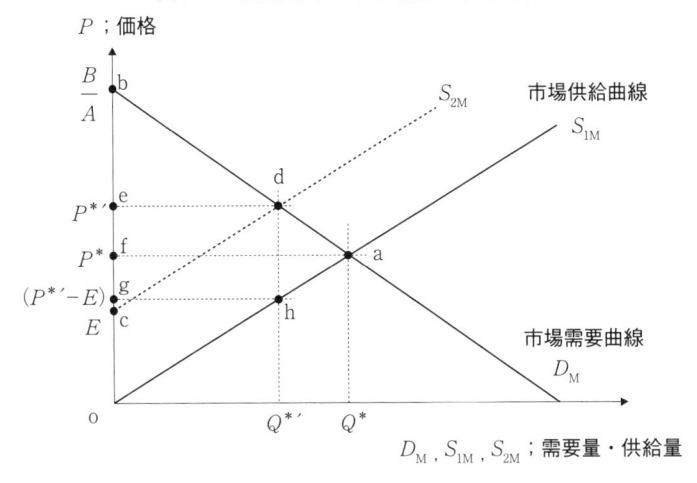

図8.1 取引費用のある場合の市場均衡

となります。企業が受け取る価格 $P^{*\prime}$ のうち E は取引費用なので、実際の受け取り価格は $P^{*\prime}-E$ となります。

取引費用がかからない場合とかかる場合の余剰はそれぞれどのようになっているでしょうか。取引費用がかからない場合の消費者余剰の大きさは三角形 fab の面積であり、取引費用がかかる場合のその大きさは三角形 edb に相当します。また、取引費用がかからない場合の生産者余剰の大きさは三角形 oaf の面積に相当し、取引費用がかかる場合のその大きさは三角形 ohg の面積に相当します。よって、取引費用がかからない場合の社会的余剰の大きさは三角形 oab の面積であり、取引費用がかかる場合のその大きさは三角形 cdb の面積に相当します。これらより、取引費用の負担の有無によって、生産者余剰が低下しているだけでなく消費者余剰も低下していることが分かります。

● 取引仲介業者の役割

現実の経済で財・サービスが取引される際は、消費者と生産者が直接取引をするということは珍しく、たいていの場合、流通業と呼ばれる取引仲介を専門とする業者が消費者と生産者の取引を仲介しています。消費者としては、野菜や肉などの食品が必要なときにわざわざ農家や畜産業者まで出向いて直接肉を

買うのではなくスーパーマーケットで購入したほうが、取引に伴うさまざまな取引費用を節約できます。生産者としても、自分の畑で生産した野菜を直接消費者に売りに行くよりも農協やさまざまな流通業者に販売を委託したほうが、取引に伴うさまざまな取引費用を節約できます。このように、現実の市場において財・サービスの取引が実際に行われる際には取引を仲介する専門業者が重要な役割を果たします。そこで、前節で説明した取引費用のある市場均衡のモデルを利用して、取引仲介業者の役割について考えてみましょう。

取引仲介者は1単位の財を生産者から P_T で買い取り、消費者に手数料（マージン）V を上乗せして P_T+V で販売します。企業は生産した財を直接販売するのではなく取引仲介者に販売する場合、取引費用 E を節約できるものとします。取引仲介者は1単位の取引仲介につき Z の取引仲介費用（つまり、Z は取引仲介の限界費用）がかかり、仲介することのできる財の量には制約がないものとします。

取引仲介者にとって、手数料が取引仲介費用よりも多い、つまり

$$V-Z>0 \quad \Leftrightarrow \quad V>Z \tag{8.3}$$

であれば、取引を仲介することで利潤をあげることができます。

このような状況で、消費者や企業は取引仲介者と取引をするインセンティブを持つのでしょうか。消費者は

$$P^{*\prime} > P_T+V \tag{8.4}$$

という関係が成立すれば、企業から財を直接購入するよりも取引仲介者から財を購入したほうがより安い価格で購入できます。

また、企業が取引仲介者に財を販売する場合、企業は取引費用 E を節約することができるので、

$$P_T > P^{*\prime}-E \quad \Leftrightarrow \quad P^{*\prime} < P_T+E \tag{8.5}$$

という関係が成立すれば、企業が財を消費者に直接販売するよりも取引仲介者に財を販売したほうがより高い価格で販売することができます。

(8.3)式と(8.4)式、(8.5)式を同時に満たすためには、E（企業の取引費用）

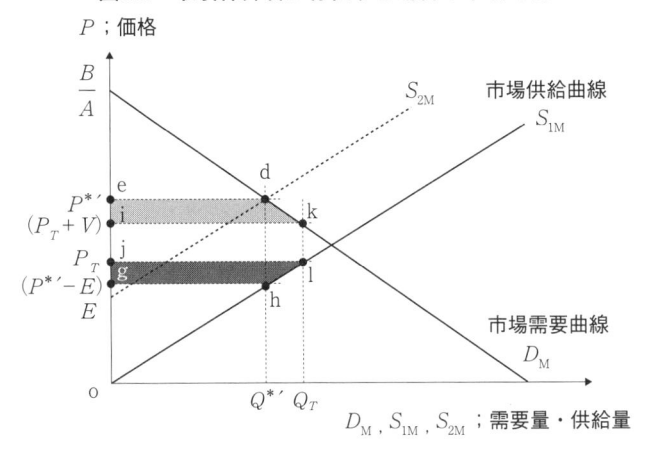

図8.2 取引仲介者が存在する場合の市場均衡

と Z（取引仲介費用）との関係が

$$Z < E \tag{8.6}$$

となることが必要となります。すなわち、**取引仲介者の取引仲介費用が企業の取引費用を下回る状況で取引仲介できる場合、取引仲介者が取引を仲介するほうが消費者、企業、取引仲介者の三者にとって望ましくなる可能性がある**ことを意味します。

取引仲介者が存在する市場は、図8.2のように表されます。消費者は取引仲介者がいないときの価格 $P^{*\prime}$ よりも安い価格 P_T+V で財を購入することができ、企業は取引仲介者がいないときの実際の受取価格 $P^{*\prime}-E$ よりも高い価格 P_T で財を販売することができます。その結果、企業が自ら取引費用を支払うときの取引量 $Q^{*\prime}$ から Q_T へと取引量が拡大します。この結果、消費者や企業の余剰はそれぞれ台形 eikd、jghl の分だけ拡大します。また、取引仲介者は

$$(P_T+V)Q_T - (P_T+Z)Q_T = (V-Z)Q_T$$

の利潤を得ることができます。

第8章 ● 経営・政策分析への応用

取引仲介者が競争的または参入が自由な場合

取引仲介者が競争的または参入が自由な場合を考えてみましょう。既存の取引仲介者の利潤が正である限り新たな取引仲介者が参入してくるとします。単純化のために1単位の財の取引仲介にかかる費用、つまり限界費用は取引仲介者間で同質であるとします。今、既存の取引仲介者の手数料が V_0 であり、この手数料が取引仲介の限界費用を上回っている、つまり、$V_0 > Z$ という状態だとします。この場合、既存の取引仲介者の利潤が正になっているので、新しい取引仲介者の参入余地があります。新規参入の取引仲介者が $V_0 > V_1 > Z$ となるような手数料 V_1 を提示すると、既存の取引仲介者から顧客を奪うことができます。すると、既存のあるいは他の取引仲介者は $V_1 > V_2 > Z$ となる手数料 V_2 を提示することで顧客を奪い返そうとすることでしょう。このような競争は、取引仲介の手数料が

$$V = Z \tag{8.7}$$

となるまで続きます[1]。つまり、取引仲介者が競争している場合、取引仲介者の手数料は取引仲介にかかる限界費用と等しくなります。

例えば、取引仲介の限界費用がゼロである場合、取引仲介者の手数料は $V = 0$ となります。このとき、

$$P_T = P^*$$

となり、取引量は

$$Q_T = Q^*$$

となります。すなわち、取引仲介者によって企業による取引費用の負担がなくなる結果、市場均衡は取引費用がないときのものと一致します。

---

[1] 手数料と仲介取引費用が等しくなるということは、取引仲介者の利潤がゼロということを意味します。しかし、何度も指摘するように、このことは会計学（簿記）における利益がゼロということを意味するのではありません。

現実の経済における取引仲介者の役割

　インターネットの普及に伴って、いわゆる「直販」という販売形態が増えてきました。直販とは、生産者が直接消費者と財・サービスの取引をするという取引形態です。例えば、パソコンは家電量販店に行かなくてもメーカーの直販サイトで購入することができます。インターネットという情報通信サービスの利用によって、消費者と生産者の双方にとって財・サービスの取引費用が低下したということがその大きな要因のひとつとして考えられます。しかしながら、現在でも日常生活においては私たちは百貨店やスーパーマーケット、小売店などの取引仲介者から財・サービスを購入することがほとんどです。このことは、消費者と生産者が直接取引をすることの取引費用はかなり大きいという可能性を示唆しています。

　取引仲介者を具体的に挙げるならば、卸売業や小売業がこれに該当するでしょう。一般的には、商品を購入して販売する事業所が卸売業や小売業と分類されます。このうち、小売業者は、個人用あるいは家庭での消費のために商品を販売しています。実際には、あるひとつの商品は複数の卸売業者や小売業者を経由して消費者の手元に届くわけですが、ここで消費者に最も近い取引仲介者である小売業者に注目してみましょう。経済産業省は2011年に日本の卸売業、小売業のうち経済産業省が指定する商品を卸売・小売している事業所に対してマージン（利幅、利ざや）に関する調査を実施しました。そこで、この調査の統計データから日本の小売業における手数料（マージン）V の大きさを確認してみたいと思います。

　表8.1には、調査で公表された小売業の平均マージン率を示しています。平均マージン率とは、商品の年間販売額（$(P_T+V)Q_T$）に対する商品の平均的な手数料の総額（売上原価に上乗せする平均的な利幅、利ざやの総額（VQ_T））の割合を意味します。平均マージン率が高いほど取引仲介者の手数料収入も大きいということになります。食料品を扱う事業所の平均マージン率は33.8％、衣類等を扱う事業所の平均マージン率は43.9％であり、手数料収入は高いことが分かります。

　総務省の『経済センサス−活動調査』（2012年）によると、日本の小売業は約78万事業所も存在します。小売業者は競争的な環境で活動を行っているとも

第8章 ● 経営・政策分析への応用

表8.1　手数料（マージン）の割合

小売業の分類	マージン率 （単位：％）	年間商品販売額 （単位：百万円）
食料品	33.8	1181026.0
衣服・その他の繊維既製品	43.9	757186.2
その他の製造工業製品	48.9	275525.7
耕種農業	22.5	218630.6

出所：2011年『産業連関構造調査（商業マージン調査）』（経済産業省）より作成

いえるでしょう。そこで、競争的な環境下で小売業者が活動しており手数料と仲介取引費用が等しいという関係が成立していると仮定します。そうすると、(8.6)式で表した企業の取引費用と取引仲介者の手数料との関係と(8.7)式から

$$V < E$$

という関係が成立する必要があります。これは、取引費用を企業のみが負担するという状況においては企業の取引費用は取引仲介者の手数料を上回るということを意味します。

　このように、単純化した分析の枠組みのもとでは商品にかかる実際の企業の取引費用は表8.1で示したマージンよりも高いということが示唆されるわけです。すなわち、現実の経済において財・サービスの輸送・管理や情報の非対称性に起因する取引費用は少なくないことが分かります。言いかえると、現実の経済におけるさまざまな取引慣行・制度はこのような取引費用を節約するために存在しているといえます。このことは、取引費用の実態を把握し、いかにして取引費用を軽減するかを経済学的に考えることが現実の経済活動を理解する上で重要であるということを意味しています。

2　市場構造

企業の参入が自由な場合

　生産者である企業の問題をもっと掘り下げて、企業間の競争の問題を考えて

いきましょう。企業間の競争は産業組織論と呼ばれる分野で議論されています。産業組織論は経済学における非常に重要な分野であると同時に、経営学における経済学的アプローチの基礎にあたる分野です。

第7章では、企業数が一定であるという仮定のもとで分析を進めてきました。しかしながら、現実の世の中では少しでも利潤が出そうな市場があれば果敢に参入して儲けようとする企業がいます。そういう状況では、利潤があげられそうな市場にはどんどん新しい企業が参入していくでしょう。そこで、企業が自由に参入できる状況を考えていきましょう。なお、企業がすべて同質という仮定はそのまま使います。

ここで、これまで単純化して考えていた費用構造をもう少し細かく考えてみましょう。これまでは、費用としてある生産量を達成するために必要となる可変的な費用を考えていました。そして、生産量が増大するにつれて追加的な費用も増えていくことを想定していました。この点については第6章の2.3節で確認済みです。このような費用を**可変費用**といいます。一方、企業が財・サービスを生産する場合、生産量に関わらず固定的な費用もかかるでしょう。これを**固定費用**といいます。このように、企業が財・サービスを生産するには可変費用と固定費用がかかることから、生産に必要な総費用は次のような関数形で表すことができます。

$$総費用 = \underbrace{\frac{W}{2H}y^2}_{可変費用} + \underbrace{F}_{固定費用}$$

限界費用と利潤最大化条件

利潤 π は収入 Py から総費用を引いたものなので、次のように書けます。

$$\pi = Py - \left(\frac{W}{2H}y^2 + F\right) = -\frac{W}{2H}y^2 + Py - F \tag{8.8}$$

(8.8)式について、企業が利潤を最大化にするような生産量 y^* を解の公式を用いて計算すると、

$$y^* = \frac{H}{W}P \tag{8.9}$$

となります。完全競争市場のもとで限界利潤がゼロとなるということは既に第6章の2.3節で示しました。限界利潤は限界収入から限界費用を引いたものであり、完全競争市場のもとでは限界収入が財・サービスの価格と等しくなるので、最適生産量 y^* のもとでは

$$価格 = 限界費用$$

が成立するわけです。(8.9)式を $P=$ の形に書きかえた

$$\underbrace{P}_{価格} = \underbrace{\frac{W}{H}y^*}_{限界費用} \tag{8.10}$$

は、価格と限界費用が等しいという関係を示しています。この関係が利潤最大化条件といわれるものでした。

ここで、固定費用を費用構造に含める場合の限界費用について確認しましょう。固定費用は財・サービスの生産量の多い少ないに関係なく必要となる費用です。生産量を追加的に増やしても固定費用そのものが増えることはありません。つまり、固定費用は限界費用の構成要素に含まれません。このことは、(8.10)式の右辺に固定費用 F が含まれていないことからも分かります。

例題 8-2
固定費用と供給量

費用関数が

$$5l = \frac{1}{2}y^2 + 20$$

となるような商品を生産する企業がある。生産量の変化に応じて変化する費用（可変費用）と生産量に関わらず固定的に必要となる費用（固定費用）が生じる。商品の価格は10円、生産要素価格は5円である。

1. 企業の利潤関数を導出しなさい。
2. 企業の費用関数と収入関数、利潤関数を図示しなさい。

3. 利潤を最大にする生産量を計算しなさい。
4. 固定費用のないケース（例題6-3）と比較し、供給量の変化の有無について議論しなさい。

平均費用と参入条件

次に、企業がある市場に参入するかどうかの基準について考えてみましょう。もし企業がその市場で正の利潤をあげられるとしたら、企業はその市場に参入するほうが得です。利潤が正であるということは、$\pi > 0$ となるので、

$$Py - \left(\frac{W}{2H}y^2 + F\right) > 0$$

と書くことができます。これを

$$Py > \frac{W}{2H}y^2 + F$$

と変形し、さらに両辺を y で割ると

$$\underbrace{P}_{価格} > \underbrace{\frac{W}{2H}y + \frac{F}{y}}_{平均費用} \qquad (8.11)$$

となります。この(8.11)式の右辺に注目してください。これは、可変費用と固定費用の合計を生産量 y で割ったもので、生産量1単位当たりに必要な総費用の平均値、つまり**平均費用**となります。(8.11)式から、価格が平均費用を上回るのであれば正の利潤が発生するため市場に参入し、価格が平均費用を下回るならば負の利潤が発生するため市場に参入しないという条件が示されます。価格＝平均費用であれば、企業にとっては参入してもしなくてもどちらでも同じです。

自由参入のもとでの市場供給曲線

それでは、企業の参入が自由な場合の市場供給曲線について考えてみましょう。企業は所与のある財・サービスの価格に対して限界費用が等しくなるよう

第 8 章 ● 経営・政策分析への応用

図8.3 企業の平均費用曲線と限界費用曲線

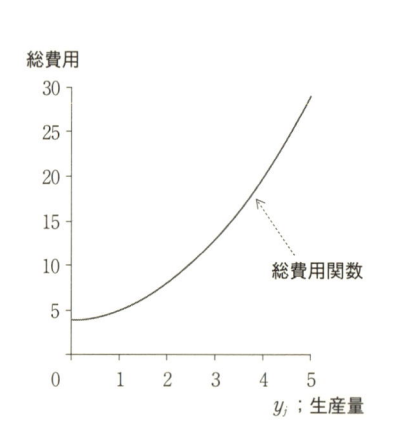

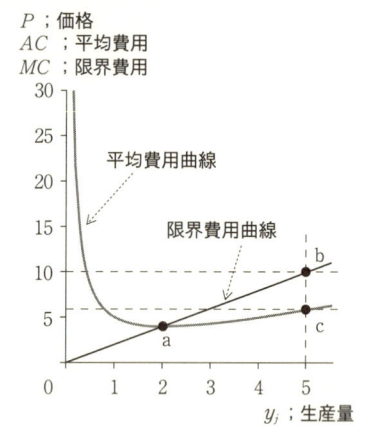

に生産量を決定します。個別企業 j の利潤最大化条件から

$$価格 = 限界費用$$

が常に成り立っています。一方で、企業にとって正の利潤をあげられるかどうかは価格と平均費用の関係に依存していました。企業は

$$価格 > 平均費用$$

が成立する限り、正の利潤をあげることができます。よって、企業が利潤を最大にし、かつ、その利潤が正となるためには、

$$限界費用 > 平均費用$$

が成立する必要があります。

ここで限界費用と平均費用の関係について確認しましょう。個別企業 j の総費用関数は以下のように書き表せます。

$$\frac{W}{2H}y_j^2 + F \tag{8.12}$$

具体的な数値を入れて考えましょう。(8.12)式について生産要素価格を $W=4$、生産性を $H=2$、固定費用を $F=4$ とします。総費用関数 (y^2+4)

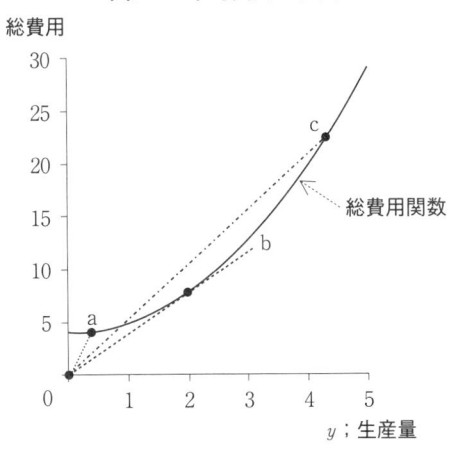

図8.4 平均費用の性質

は図8.3の左側に示しています。図8.3の右側には総費用関数（y^2+4）に対応する限界費用曲線と平均費用曲線をそれぞれ示しています。限界費用曲線は原点を通る傾き2の右上がりの直線となります。一方、平均費用曲線は $y+\frac{4}{y}$ として表すことになります。$y_j=0$ では ∞ となりますが、y_j の増加とともに低下していき、$y_j=2$ を超えたところで再び増加に転じていきます。すなわち、平均費用は $y_j=2$ のときに最小となります（点a）。この平均費用が最小となる点で、限界費用の直線と交点を持つことになります。**個別企業 j の供給曲線はこの交点よりも右上の限界費用曲線の部分**となります。

この点について図8.4で確認しましょう。平均費用は図8.4で示す総費用関数上の点と原点とを結んだ線分の傾きに等しくなります。生産量 y_j がゼロから増えていくとこの線分の傾きは徐々に小さくなっていきます（線分aの傾きと線分bの傾きを比較してみよう）。そして、この線分の傾きが総費用関数の接線（線分b）の傾きと同じになった後は、徐々に大きくなっていきます（線分bの傾きと線分cの傾きを比較してみよう）。総費用関数の接線の傾きは限界費用を表します。よって、平均費用は限界費用と等しくなる生産量 y_j^*（$=2$）を境に、y_j^* よりも少ない生産量では生産量の増加とともに平均費用は減少し、y_j^* より多い生産量では生産量の増加とともに平均費用は増加するのです。これが、平均費用が最小となる点で限界費用の直線と交点を持つ理由です。

第 8 章 ● 経営・政策分析への応用

　では、図8.3を利用して、企業が自由に参入できる状況を考えてみましょう。企業は限界費用が価格と等しくなるように生産量を決定します。例えば市場価格が $P=10$ で与えられていたとしましょう。このとき、限界費用が価格と等しくなるよう生産量を $y_j=5$ と決定するとします。$y_j=5$ のときの限界費用（点b）は平均費用の 6（点c）よりも高いので、企業は正の利潤をあげることができるため、企業は市場に参入しようとするはずです。

　ここで、企業数の増加は市場供給曲線を右側にシフトさせる働きがあるという第 7 章5.3節で学んだ内容を思い出しましょう。このような市場供給曲線の右シフトは均衡取引量を増加させ、市場均衡価格を低下させます。新規企業がこの市場に参入したいと思っても、市場価格がこの企業の平均費用を下回ると（図8.3の例では市場価格が 4 未満）、もはや正の利潤は得られなくなります。したがって、企業が自由に参入できるときに企業の参入が止まる状態を表す条件は次のようになります。

$$限界費用 = 平均費用$$

この条件は以下の式が成立することを意味しています。

$$\frac{W}{H}y_j^* = \frac{W}{2H}y_j^* + \frac{F}{y_j^*} \Leftrightarrow y_j^* = \sqrt{\frac{2FH}{W}}$$

この生産量 y_j^* が個別企業 j にとって損益分岐（正の利潤となるか負の利潤となるかの境目）となる生産量で、少なくとも利潤が負ではありません。このときの価格は

$$P_L = \frac{W}{H}y_j^* = \frac{W}{H}\sqrt{\frac{2FH}{W}}$$

と表すことができます。この価格を損益分岐価格といいます。ここでは企業がすべて同質と仮定しているので、市場に参加する企業数を J 社と表せば、市場供給量は

$$y_1^* = \sqrt{\frac{2FH}{W}}$$

$$y_2^* = \sqrt{\frac{2FH}{W}}$$

$$\vdots$$

$$y_J^* = \sqrt{\frac{2FH}{W}}$$

$$\Rightarrow \quad (y_1^* + y_2^* + \cdots + y_J^*) = J\sqrt{\frac{2FH}{W}}$$

となります。

このような状況では、市場均衡は次のように決まります。企業は価格が損益分岐価格になるまで参入を続けますので、価格は損益分岐価格で決まります。このとき、どれだけの企業が参入するでしょうか。まず、損益分岐価格のもとでの市場需要量が決まります。このときの市場需要量と市場供給量が等しくなるように市場に参入する企業の数が決まるはずです。

市場需要曲線は以下のように書けます。

$$P = \frac{B}{A} - \frac{1}{KA}D_M \tag{8.13}$$

ここでは、価格が損益分岐価格 P_L で決まり、そこでの市場需要量が市場供給量に等しくなければなりません。よって、$D_M = J\sqrt{\frac{2FH}{W}}$ より

$$P_L = \frac{B}{A} - \frac{J}{KA}\sqrt{\frac{2FH}{W}}$$

という関係が成立します。これを企業数 $J =$ の形に書き直すと、以下のようになります。

$$J = \frac{KB - KAP_L}{\sqrt{\frac{2FH}{W}}} = \frac{\text{損益分岐価格}\,P_L\,\text{のもとでの市場需要量}}{\text{損益分岐価格}\,P_L\,\text{のもとでの個別企業の供給量}}$$

これまでの議論をまとめると以下のようになります。自由参入で参入に際して固定費用がかかる場合、市場価格が損益分岐価格を上回っているかどうかで参入するかどうかが決まります。この損益分岐価格は企業の費用構造で決まります。市場価格が損益分岐価格を上回っている限り参入が続くので、市場にお

第 8 章 ● 経営・政策分析への応用

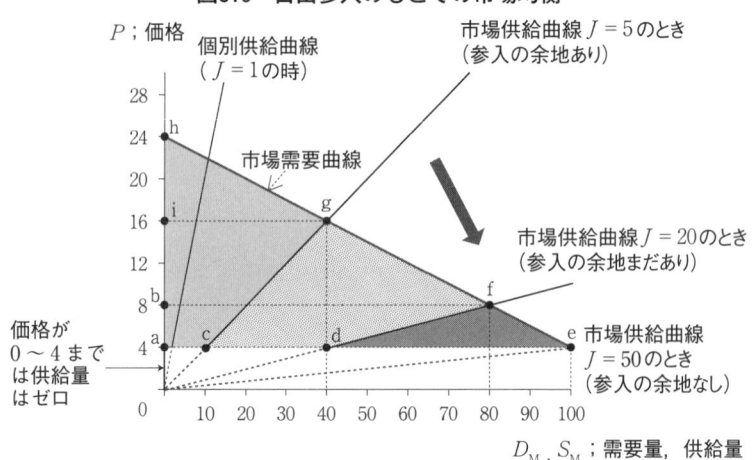

図8.5 自由参入のもとでの市場均衡

いて最終的に決まる価格は損益分岐価格と等しくなるはずです。一方、損益分岐価格が与えられれば、市場需要曲線よりそこでの市場需要量が決まります。そうであれば、企業数は市場需要量を個別企業の損益分岐水準の供給量で割った値で決まることになります。

最後に、企業の新規参入の余地がある市場と十分に企業が参入した市場での余剰の違いを比べてみましょう。ここまでの議論を分かりやすくするために、具体的な数値例をもとに説明していきます。(8.13)式の市場需要曲線について $A = 0.05$、$B = 1.2$、$K = 100$ が与えられているとします。よって、市場需要曲線は

$$P = \frac{1.2}{0.05} - \frac{1}{100 \times 0.05} D_\mathrm{M}$$

$$= 24 - \frac{1}{5} D_\mathrm{M}$$

となります。一方、企業の生産性は $H = 2$、生産要素価格は $W = 4$、固定費用は $F = 4$ としてそれぞれ与えられているとします。この場合の個別企業 j の供給曲線は原点を通る傾き 2 の右上がりの直線のうち、平均費用曲線との交点よりも右上にあたる部分になります。この交点、すなわち限界費用 = 平

均費用が成立するのは損益分岐価格が 4、生産量が 2 のときです。

同質の企業 5 社（$J = 5$）が市場に存在する場合、市場供給曲線は個別供給曲線を横に足しあわせた $P = \frac{W}{JH}S_M = \frac{4}{5 \times 2}S_M$ で表されます。図8.5に示すように、市場供給曲線は、損益分岐価格が 4、総供給量が10の点（点 c）を起点に傾きが $\frac{2}{5}$ の右上がりの直線となります。このときの市場均衡（点 g）は、均衡価格が16、均衡取引量が40であり、均衡価格が損益分岐価格を上回っています。よって、他の企業も参入の余地が十分にあります。

そこで、さらに企業が参入して同質の企業が20社（$J = 20$）集まった場合を確認しましょう。市場供給曲線は、図8.5に示すように、損益分岐価格が 4、総供給量が40の点（点 d）を起点に傾きが $\frac{1}{10}$ の右上がりの直線となります。このときの市場均衡（点 f）は、均衡価格が 8、均衡取引量が80です。参入企業数が 5 社のときと比べて均衡価格は低下しましたが、まだ損益分岐価格を上回っています。

そして、参入企業数が合計50社（$J = 50$）となった場合を確認しましょう。市場供給曲線は、損益分岐価格が 4、総供給量が100となる点（点 e）を起点に傾きが $\frac{1}{25}$ の右上がりの直線となります。そして、このときの市場均衡（点 e）は、均衡価格が 4、均衡取引量が100であり、均衡価格と損益分岐価格とが等しくなっています。よって、この市場にはこれ以上の企業は参入しないということになります。

参入する企業数が増加するにつれて余剰がどう変化するかを図8.5で確認しましょう。企業数が 5 社のときの消費者余剰は三角形 igh、生産者余剰は四角形 acgi の面積にそれぞれ相当します。ここからさらに企業が参入してくると、消費者余剰は大きくなっていくことが分かります。企業数が20社の場合の消費者余剰は三角形 bfh、企業数が50社の場合の消費者余剰は三角形 aeh の面積にそれぞれ相当します。

一方、参入の余地がない状況では、生産者余剰はゼロになっていることが分かります。しかし、消費者余剰と生産者余剰を合計した社会的余剰で評価すれば、参入の余地があるときと比べて余地なしのときのほうが社会的余剰は明らかに大きくなっています。企業数が20社のときの社会的余剰は企業数が 5 社のときと比べて四角形 cdfg の面積に相当する部分が、企業数が50社のときの社

会的余剰は企業数が20社のときと比べて三角形で def の面積に相当する部分がそれぞれ増えています。このように、企業の自由参入は社会的余剰を可能な限り大きくします。

例題 8-3
企業の新規参入

ある商品の市場需要曲線が以下のように与えられているとする。

$$P = 14 - \frac{1}{10}D_M$$

この市場には企業が自由に参入するとする。企業 j はすべて同質で、企業の生産性が $H = 2$、生産要素価格が $W = 4$、固定費用が $F = 4$ であるとする。企業の総費用関数は $\frac{W}{2H}y_j^2 + F$ で書き表されるとすると、企業 j の限界費用曲線は $\frac{W}{H}y_j = 2y_j$、平均費用曲線は $\frac{W}{2H}y_j + \frac{F}{y_j} = y_j + \frac{4}{y_j}$ として示すことができる。

1. 企業 j の損益分岐価格 P_L を計算しなさい。
2. 企業 j の個別供給曲線を図示しなさい。
3. 企業数が $J = 20$ のときの市場供給曲線を図示しなさい。そして、このときの均衡価格と均衡取引量をそれぞれ計算しなさい。最後に、このときの消費者余剰を計算しなさい。
4. この市場への企業参入数が最終的に何社になるかを計算しなさい。

例題 8-4
論述問題（固定費用と企業の参入についての理解の確認）

企業はすべて同質で費用構造に固定費用が含まれる場合、固定費用が下がると企業が新規参入しやすくなる理由について、「損益分岐価格」という言葉を使って説明しなさい。

独占市場

前節では市場への参入が自由な完全競争市場を考えました。完全競争市場では多くの企業が存在するため、財・サービスの価格は市場で成立している相場価格にしたがいます。一方、現実の経済では参入が自由ということは現実的ではなく、市場に少数の企業しか存在せず企業が価格支配力を持つ場合があります。市場に1社しか企業がいないケースを独占、2社を複占、少数の企業の場合を寡占といいます。以下では、独占的な企業の行動について描写していきます。

独占企業が存在する最もシンプルな理由は、他の企業がその市場へ参入することができないからです。例えば、電力産業を考えてみましょう。電気を消費者へ供給するには発電所の建設や送電線の設置など非常に大きい固定費用が発生します。そのため、既存の電力会社以外に新たな企業が参入することは難しいわけです。このような独占形態を**自然独占**といいます。

自然独占以外でも、あるひとつの企業やひとりの生産者しか特定の財・サービスを生産することができない場合や特許によって生産に関する独占権が政府によって与えられているような場合も、ある財・サービスの市場には企業が1社しか存在しない状況が発生するでしょう。

企業が市場を独占している場合の意思決定は、競争的な企業の意思決定と何が異なるでしょうか。競争的な企業は市場で成立している価格を前提に利潤を最大にするように財・サービスの生産量を決定します。それに対して、独占的な企業は他に競争相手がいないので自社が自由に財・サービスの価格をつけることができます。利潤を最大にしたい企業としては、なるべく価格を高く設定しようとします。しかしながら、価格を高く設定すると需要量が減少し、その分生産量も低下すると考えられます。独占的な企業にとっては、市場における需要曲線に関する情報を得ることが非常に重要となります。例えば、市場調査やプレ販売などを通してこれらの情報を得るという方法があります。

ここでは、独占企業は市場需要曲線の情報を完全に知っていると考えます。そして、独占企業は市場における需要を前提として利潤が最大となるように価格と生産量を決定します。

独占企業は次のような市場需要曲線の形状を知っています。

第8章 ● 経営・政策分析への応用

$$P = \frac{B}{A} - \frac{1}{KA}D_{\mathrm{M}} \tag{8.14}$$

A や B は効用関数の未知の定数（パラメータ）、K は消費者数をそれぞれ表します。D_{M} は市場全体の需要量です。市場需要曲線からある価格における需要量が分かります。市場には独占企業一社しか存在しないので、独占企業の供給量は市場の需要量と事後的に一致します。そこで、以下の関係が成立します。

$$D_{\mathrm{M}} = y_{\mathrm{m}} \tag{8.15}$$

y_{m} は独占企業の生産量を表します。(8.14)式の市場需要曲線に(8.15)式を代入すると

$$P = \frac{B}{A} - \frac{1}{KA}y_{\mathrm{m}}$$

という関係が得られます。これは、**独占市場では独占企業の生産量に応じて価格が決まる**ということを意味します。

一方、独占企業の利潤は、これまで説明してきたのと同様に、収入から費用を差し引いたものです。独占企業の費用構造には固定費用がないという単純な形を想定すると、独占的企業の利潤 π_{m} は次のように書き表すことができます。

$$\pi_{\mathrm{m}} = \underbrace{\left(\frac{B}{A} - \frac{1}{KA}y_{\mathrm{m}}\right)y_{\mathrm{m}}}_{\text{収入}} - \underbrace{\frac{W}{2H}y_{\mathrm{m}}^{2}}_{\text{費用}} \tag{8.16}$$

(8.16)式は y_{m} の2次関数ですので、利潤 π_{m} が最大となる生産量 y_{m}^{*} を解の公式を使って計算することができます。

$$\pi_{\mathrm{m}} = -\left(\frac{1}{KA} + \frac{W}{2H}\right)y_{\mathrm{m}}^{2} + \frac{B}{A}y_{\mathrm{m}}$$

より、

$$y_{\mathrm{m}}^{*} = \frac{\frac{B}{A}}{2\left(\frac{1}{KA} + \frac{W}{2H}\right)} \tag{8.17}$$

となります。なお、第6章の2節で完全競争市場での企業の利潤最大化を学んだ際、(8.17)式から企業の供給曲線を導きました。しかし、独占市場において

は供給曲線というものは存在しません。供給曲線とは価格が与えられたときに企業（生産者）がどれだけ生産するかの関係を表したものでした。独占市場では企業が価格と生産量を同時に決定できるので、供給曲線は用いられません。

(8.17)式を書きかえると

$$\frac{B}{A} - \frac{2}{KA}y_m^* = \frac{W}{H}y_m^* \tag{8.18}$$

となります。第6章の2節で学んだように、利潤を最大にする生産量のもとでは、限界利潤はゼロであり、限界利潤は限界収入から限界費用を引いたものとして定義することができます。よって、利潤を最大にする生産量のもとでは、

$$限界収入 = 限界費用$$

が成立します。第6章の(6.10)式で示したように、$\frac{W}{H}y_m^*$ は企業の限界費用に相当します。したがって、(8.18)式は、限界収入と限界費用が等しいということを示しています。

$$\underbrace{\frac{B}{A} - \frac{2}{KA}y_m^*}_{限界収入} = \underbrace{\frac{W}{H}y_m^*}_{限界費用}$$

以上より、限界収入曲線、限界費用曲線、市場需要曲線をそれぞれ図示すると、図8.6のようになります。

独占企業は限界収入＝限界費用で生産量を決定するので、点 f に相当するところで生産量 y_m^* を決定します。一方で、このときの価格は生産量 y_m^* に対応する市場需要曲線で与えられるので、価格が P_m^* となります。このとき、生産者余剰は台形 ofhb の面積で与えられます。また、消費者余剰は三角形 bhd の面積で与えらます。

さて、独占市場における社会的余剰は効率的といえるでしょうか。もし企業数が当初は1社しかいなくてもその企業が競争的に行動する場合（潜在的な参入企業が存在する等の場合）には、企業の供給曲線は価格＝限界費用で決まります。すなわち、競争的な市場における市場均衡は点 e となります。この場合、生産者余剰は三角形 oea の面積、消費者余剰は三角形 aed の面積に相当

第 8 章 ● 経営・政策分析への応用

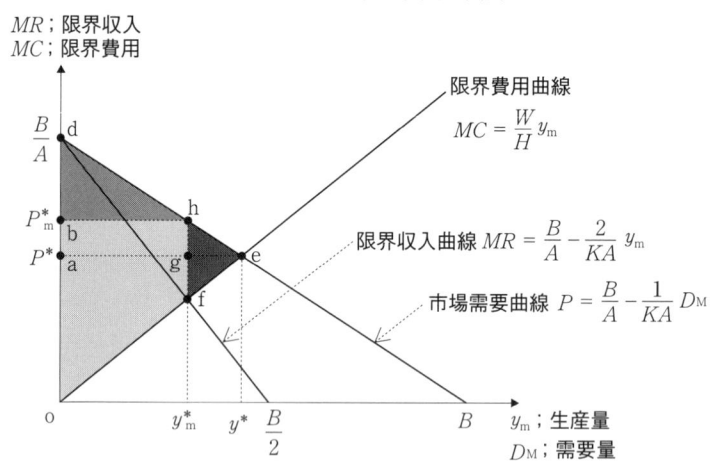

図8.6 独占企業の収入と費用

（限界費用曲線 $MC = \dfrac{W}{H} y_m$、限界収入曲線 $MR = \dfrac{B}{A} - \dfrac{2}{KA} y_m$、市場需要曲線 $P = \dfrac{B}{A} - \dfrac{1}{KA} D_M$）

します。

　競争的な市場と独占的な市場のもとでの余剰を比べると、次のようになります。生産者余剰については、独占的な市場では三角形 feg の分を手放す一方で四角形 aghb が獲得できます。消費者余剰については、独占的な市場では三角形 aed から bhd へと台形 aehb の部分を手放しています。つまり、独占的な市場によって消費者余剰は確実に低下する一方、生産者余剰は拡大する余地があります。

　このように独占市場においては、消費者余剰の犠牲のもとに生産者余剰を拡大させる可能性があります。図8.6の場合、独占企業が存在することによる社会的余剰の損失は三角形 feh の面積に相当します。このような社会的余剰の損失を**死荷重**といいます。

　この節では、独占企業は消費者の犠牲により生産者余剰を拡大させていることを確認しました。これは社会的には望ましくありませんが、独占的な地位を築けた企業にとっては経営上望ましいことが分かります。このように、市場において独占的地位を築きできる限りの余剰を獲得しようとする行為は、経営学における競争戦略と密接な関係があります。

例題 8-5
穴埋め問題（特許と死荷重の関係についての理解の確認）

以下の問題文の空欄を埋めなさい。

製薬企業が新薬を開発した場合、| 1 |を申請するのが一般的である。| 1 |とは、新規の発明をした場合に政府から与えられるその発明に対する独占権である。ただし、独占権の行使は| 2 |の損失、つまり| 3 |を発生させる可能性がある。こう考えると、| 1 |と| 3 |の発生とは| 4 |の関係にある。それにも関わらず、政府はなぜ製薬企業に独占権をあたえるのだろうか。その大きな理由として、新薬開発に対する| 5 |の付与が考えられる。新薬の開発には巨額の費用がかかる。新薬を開発できたとしても巨額の費用が回収できない恐れがあるならば、製薬企業は積極的に新薬開発に乗り出さないだろう。このように考えると、| 1 |は政府が産業促進を図るための経済政策のひとつとして捉えることもできる。

3　租税

これまで学んできたことをもう一度確認しましょう。完全競争市場を前提にすると、財・サービスの価格が与えられており、消費者と生産者（企業）はその価格をもとに自身の最適な需要量と供給量を決定すると考えました。そして、両者が市場で取引することを通じて、市場における相場価格、すなわち均衡価格が決まり、そのもとにおいては市場需要量と市場供給量とが一致します。この一致する量を均衡取引量といい、均衡価格と均衡取引量の組み合わせを市場均衡といいました。そして、市場均衡が達成されているとき、社会的余剰は最大になったわけです。

すなわち、完全競争市場が完全に機能していれば、消費者と生産者のみで市場取引をすることが社会的に望ましいということになります。それでは、もし

第8章 ● 経営・政策分析への応用

図8.7　消費税による需要曲線のシフト

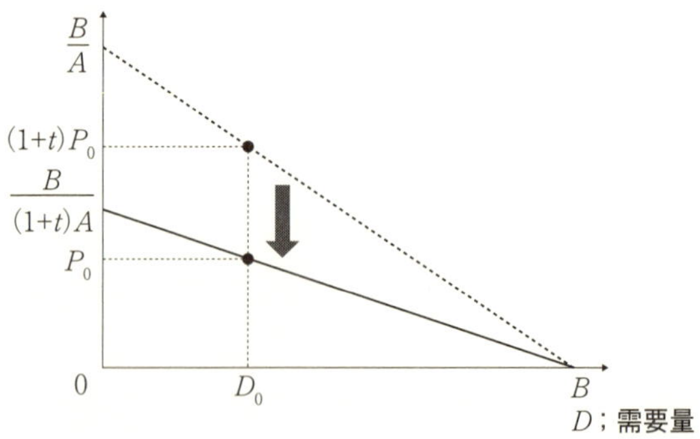

完全競争市場において政府が市場取引に対して何らかの介入をすると、社会的な望ましさはどうなるのでしょうか。ここでは、政府が消費者に対して消費税を課す場合、市場均衡にどのような変化が生じ、余剰がどう変化するのかを確認します。

■ 課税とその帰着

　政府が国民から税金を徴収する目的のひとつは、福祉や医療、年金などの公共サービスを行うために必要な費用を補うためです。消費税とは消費することに負担を求める間接税です。すなわち、財・サービスを取引する際にその金額に対して課される**従価税**で、金額の何％という形で徴収されます。

　政府が消費者に対して課税を行えば、需要曲線が影響を受けることになります。反対に、政府が企業に対して課税を行えば、供給曲線が影響を受けることになります。ここでは、消費者に対する課税を考えているので、需要曲線に影響が及ぶことになります。

　それでは、具体的に確認していきましょう。図8.7は消費者に対して税率 t の課税をする状況を示しています。消費者が財・サービスを購入するときに実際に支払う金額は P から $(1+t)P$ へと上昇します。所得を I、消費量を c、貨幣保有量を m と表すと、消費者の予算制約式は以下のように書き表せます。

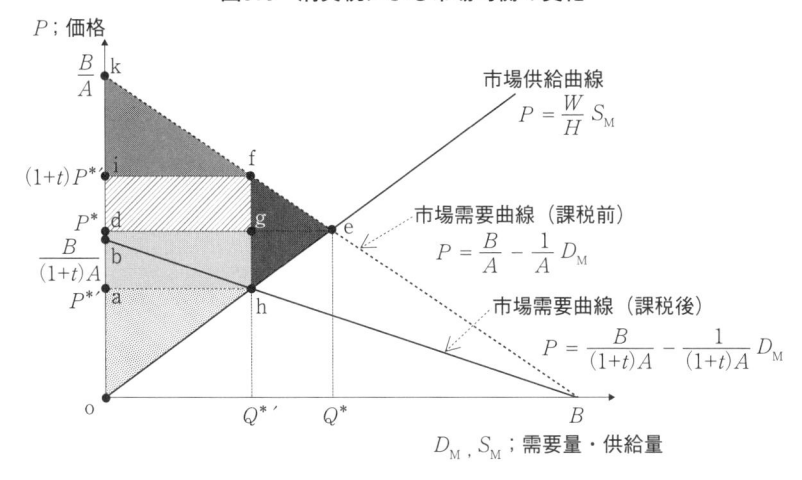

図8.8 消費税による市場均衡の変化

$$I = (1+t)Pc + m \tag{8.19}$$

一方、消費者は消費量 c と貨幣保有量 m から得られる効用が次のような形で示せるとします。

$$U = -\frac{1}{2}c^2 + Bc + Am \tag{8.20}$$

(8.19)式を $m = I - (1+t)Pc$ と変形して(8.20)式に代入すると、次の消費量 c についての2次関数が得られます。

$$U = -\frac{1}{2}c^2 + \{B-(1+t)AP\}c + AI \tag{8.21}$$

効用 U を最大にする消費量 c^* を解の公式を用いて計算すると $c^* = B - (1+t)AP$ となります。よって、需要関数は

$$D = B - (1+t)AP \tag{8.22}$$

となり、逆需要関数（需要曲線）は

$$P = \frac{B}{(1+t)A} - \frac{1}{(1+t)A}D \tag{8.23}$$

と書き表すことができます。この需要曲線は $D=0$ のときに $P=\frac{B}{(1+t)A}$、$P=0$ のときに $D=B$ の値を取ります。図8.7からも分かるように、消費税が課税されないときと比較すると、横軸の切片を固定したまま下側に移動した形になることが分かります。例えば、ある需要量 D_0 のもとでの課税後の税抜き価格を $P_0=\frac{B}{(1+t)A}-\frac{1}{(1+t)A}D_0$ と表せば、税込み価格は $(1+t)P_0=\frac{B}{A}-\frac{1}{A}D_0$ となります。これは、課税前の需要曲線 ($P=\frac{B}{A}-\frac{1}{A}D$) 上の値と一致することが分かります。

それでは、消費税の課税が市場均衡に与える効果を見てましょう。なお、ここでは単純化のために市場における企業の数は1と基準化します。消費税は消費者に対する課税ですので、市場供給曲線は変化がなく $P=\frac{W}{H}S_\mathrm{M}$ で表されるとします。市場需要曲線と市場供給曲線は図8.8のように表されます。消費税が課税されない場合の均衡価格は P^* です。一方、消費税の導入により均衡価格は P^* から $P^{*\prime}$ へと減少しています。

ただし、$P^{*\prime}$ は消費者から企業に支払われる財・サービスの取引価格です。消費者は取引金額あたり $t \times P^{*\prime}$ 円を政府に税金として支払います。したがって、消費者が実際に支払うのは企業に対する取引価格 $P^{*\prime}$ 円と政府に対する税金 $tP^{*\prime}$ 円の合計額である $(1+t)P^{*\prime}$ 円です。

消費税の導入により社会的余剰はどのように変化するでしょうか。生産者余剰は市場供給曲線よりも上側で価格よりも下側の三角形の面積に相当しました。今、企業が受け取る価格は $P^{*\prime}$ なので、生産者余剰はこの価格よりも下の部分と市場供給曲線の上の部分となる三角形 oha の面積に相当します。一方で、消費者余剰については少し注意が必要です。消費税が導入されると、消費者の財・サービス消費量は $Q^{*\prime}$ となります。第5章の3節で確認したように、**このときに得られる効用を貨幣単位で測ったものから所得を引いたものが消費者余剰の大きさに相当します**。ただし、課税は消費者の予算制約に影響を及ぼすのであって、消費者の効用関数の未知の定数（パラメータ）(A や B）そのものに影響を与えるわけではありません。よって、効用を計算する際には課税前の個別需要曲線を利用し、市場需要曲線も課税前のものが基準となります。消費者が実際に支払う価格 $(1+t)P^{*\prime}$ よりも上の部分で課税前の市場需要曲線よりも下の部分の面積が消費者余剰となります。すなわち、消費者余剰の大きさ

は三角形 ifk の面積に相当します。したがって、社会的余剰は三角形 oha と三角形 ifk の面積の合計になります。これは、元の社会的余剰である三角形 oek の面積から五角形 ahefi の面積を差し引いたものに相当します。

　消費税により失われる社会的余剰の大きさを細かく考えていきましょう。消費税導入後の均衡取引量を $Q^{*\prime}$ とすると、政府に支払う税金の合計は $tP^*Q^{*\prime}$ です。これは四角形 ahfi の面積に相当します。この部分は生産者、消費者の余剰からは差し引かれますが、政府が活用できる資源となります。今、政府の行動については考えていませんが、税収を消費者や企業に対して還元するなどすれば、純粋な意味で社会的に損失が生じているわけではありません。一方、三角形 hef の面積に相当する部分は政府が税収として手にするわけではなく、社会的にみて失われた余剰です。つまり、政府が市場に介入することにより発生する社会的余剰の損失、死荷重となります。死荷重 hef の面積は、消費者余剰の減少分である三角形 gef の面積の分と生産者余剰の減少分である三角形 heg の合計に相当しています。つまり、死荷重に相当する部分は消費者と生産者双方が負担していることになります。

　次に、政府の税収の構成について考えてみましょう。税収の大きさは四角形 ahfi の面積に相当しました。図8.8からみて明らかなように、実際に消費税を課せられているのが消費者だったとしても、余剰の損失という観点から見ると、支払っているのは消費者と企業の両方であることが分かります。税収のうち消費者が支払っている（消費者余剰の中から支払われている）部分は四角形 dgfi の面積に相当します。企業が支払っている（生産者余剰の中から支払われている）部分は四角形 ahgd の面積に相当します。

　なぜ実際には消費税を課されていない企業が消費税を負担することになるのでしょうか。それは、消費税の課税により消費者の需要が減少し、その需要減少が企業の収入を減少させ、企業の利潤が低下するからです。このように、税金が実際に誰に課されているかではなく、税金を実質的に誰が負担しているのかについて考えることを「税の帰着」を考えるといいます。

第8章 ● 経営・政策分析への応用

例題 8-6
消費税の益税問題

　日本では、消費税導入時から益税問題というものが指摘されている。益税問題とはどんな問題なのかについて、簡単に紹介しよう。

消費税の益税問題

　国税庁のホームページによると、日本の消費税は『生産及び流通のそれぞれの段階で、商品や製品などが販売される都度その販売価格に上乗せ』されてかかるが、『最終的に税を負担するのは消費者』となる。ただし、『小規模事業者の事務負担を軽減するため、(中略) 課税売上高が1,000万円以下の事業者は原則としてその課税期間の納税義務が免除されること』になっている。この制度を事業者免税点制度という。しかし、この制度には問題があると指摘される。例えば、消費者は販売者が免税対象かどうかは分からないので、販売される財・サービスに対して消費税を負担することになる。しかし、この制度の対象となる販売者は免税されているため、消費者が支払った消費税に相当する分が益税として販売者の手元に残ることになる。これが益税の問題といわれるものである。
『　』内は国税庁ホームページ「No.6101消費税のしくみ」より引用 (閲覧日 2015年7月21日　https://www.nta.go.jp/taxanswer/shohi/6101.htm)

　この益税の問題を、余剰分析の観点から考えてみよう。ある財・サービスを生産・販売する企業は免税対象であるが、消費者はその情報を知らないとする。今、市場供給曲線は以下のように表せるとする。P を価格、S_M を市場供給量とすると、

$$P = S_M$$

消費税導入前の市場需要曲線が次のように表せるとする。

$$P = 132 - D_B$$

税率 $t = 0.2$ ($0.2 \times 100 = 20\%$) の消費税が導入された後の市場需要曲線が次のように表せるとする。

$$P = \frac{132}{1+t} - \frac{1}{1+t}D_A = 110 - \frac{1}{1.2}D_A$$

1. 消費税が導入される前の市場需要曲線と市場供給曲線を図示しなさい。そして、導入前の市場均衡での取引量と価格を計算しなさい。最後に、消費者余剰、生産者余剰の大きさを計算しなさい。
2. 消費税が導入された後の市場需要曲線を図示しなさい。そして、導入後の市場均衡での取引量と価格を計算しなさい。最後に、消費者余剰の大きさを計算しなさい。
3. 益税にあたる部分を図で示し、その大きさを計算しなさい。そして、益税が発生すると生産者余剰がどのように変化するかを答えなさい。

価格に対する反応度と税の帰着

　消費税の実質的な負担は消費者と企業双方に求められているという説明をしました。それでは、消費税の帰着の配分はどのようにして決まるのでしょうか。税収のうち、消費者が負担する分については図8.8の長方形 dgfi の面積で、企業が負担する分については長方形 ahgd の面積で表されました。長方形の横の長さは均衡取引量 Q^{*} で、消費者も企業も共通です。よって、長方形の面積の違いは、線分 gf と線分 hg の長さに依存します。

　線分 gf と線分 hg の長さの比率は図8.9のように、市場供給曲線と課税前の市場需要曲線とが交わる部分、つまり市場均衡 e（線分 he と線分 ef との間）の角度で決まります。e の角度は課税前の市場需要曲線の傾きと市場供給曲線の傾きの比率で決まります。すなわち、税負担の配分は消費者と企業の需要・供給に対する価格変化の反応度で決まることになります。図8.9から、市場需要曲線と市場供給曲線とを比べてより傾きが急となるほうが、より多くの税金を負担しなければいけないということが分かります。

　ここで、（市場）需要曲線と（市場）供給曲線の傾きについて考えてみましょう。需要曲線の傾きが急であるということは、価格が少し変化したとしてもさほど需要量を変化させないことを意味します。逆に需要曲線の傾きが緩やかであれば、価格が少し変化しただけで需要量が大きく変化することを意味しま

図8.9 税の帰着

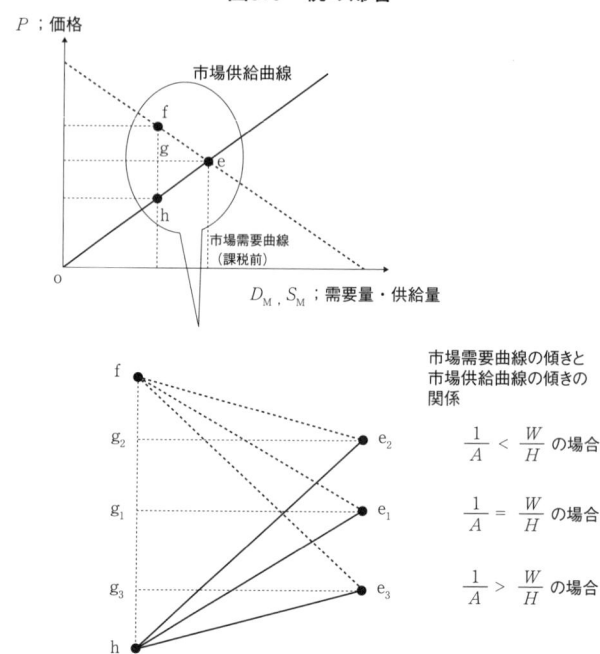

す。同様に供給曲線の傾きが急であるということは、価格が少し変化したとしてもさほど供給量が変化しないことを意味し、供給曲線の傾きが緩やかであれば、価格が少し変化しただけで供給量が大きく変化することを意味します。

なぜ、需要量や供給量の価格に対する反応度の小さいほうが多くの税金を負担するのでしょうか。価格に対する反応度が小さいということは、たとえ価格が変化したとしても、需要量や供給量を変化させたくないということを意味します。例えば消費財としてペットボトルのお茶とタバコを考えてみましょう。ペットボトルのお茶はさまざまなタイプのものがあります。緑茶もあればウーロン茶もあるし、紅茶もあります。好みは人それぞれあるでしょうが、のどの渇きをいやして気分転換をするという意味では代替可能な財です。もし、緑茶に課税されたとしたら、その人は紅茶を買うようになるでしょう。ペットボトル飲料全部に課税されたとすれば、自宅で水筒にお茶などを用意するかもしれません。これらの財は、価格が高くなったら他の財に変更することが比較的容

易です。

　一方で、愛煙家にとっては禁煙するということはなかなか難しく、多少タバコの価格が高くなったとしてもタバコを吸い続けることも多いでしょう。お酒などもそうですが、一般に中毒性が高いといわれる財は需要の価格に対する反応の程度が小さいといえます。もし、政府が税収を増やしたいと考えているならば、需要の価格に対する反応の程度の小さな財に課税することが考えられます。実際に、過去にはタバコ税や酒税の増税が実施されてきました。これは、需要の価格に対する反応の程度が小さい財の場合、増税による市場取引量の減少はそれほど大きくないため、最終的な税収の増加が期待されるからです[2]。

2　需要量や供給量の価格に対する反応の程度を表す指標として価格弾力性があります。しかし、価格弾力性は需要関数や供給関数の傾きの大きさそのものではないことに注意してください。例えば消費財として牛肉の需要曲線のグラフを描く場合、縦軸に牛肉の価格、横軸に牛肉の需要量を表すことになります。しかし、牛肉の量を表す単位をグラムで表す場合とキログラムで表す場合を考えてください。牛肉の量500グラムと0.5キログラムとは同じ量ですが、需要曲線の傾き（需要関数のパラメータ A の逆数）の大きさが異なっています。このように、同じ量であるにも関わらず単位の違いによって、需要量や供給量の価格に対する反応度が異なるように見えてしまいます。このような単位の違いが影響しない状態で価格に対する反応の程度を表す指標を価格弾力性といいます。

付録　数学の復習

この付録では、本編を理解する上で役に立つ数学の基本的知識を説明します。紙幅の関係から練習問題等は省略していますので、詳しく勉強したい人は日本評論社のホームページ（http://www.nippyo.co.jp/download/）より詳細版をダウンロードしてください。

1　数とは何か

自然数・整数・実数

数学の基本は**数**ですが、数にはさまざまなものがあります。例えば、個数や順番を数える場合、**自然数**が用いられます。自然数以外の代表的な数としては、**整数**があります。

> **自然数・整数**
> - 自然数とは、0 ないし 1 から 1 ずつ加えていった数の全体をいう。
> - 整数とは、0 から 1 ずつ加えていった数と 1 ずつ引いていった数の全体をいう。

なぜこのような違いを考える必要があるのでしょうか。自然数は「モノを数えるときに使う言葉」とか「順番を表すための言葉」といわれます。それでは自然数の範囲で何かを計算してみましょう。例えば、3 に 2 を加えると 3+2 で 5 になります。同様に、3 から 2 を引くと 3−2 で 1 残ります。それでは、2 から 3 を引くとどうなるでしょうか。自然数には 0 より小さな値はありませんので、2 から 3 を引くことはできません。すなわち、**自然数だと 2−3 は計算できません**。それでは、整数の範囲で 2 から 3 を引くとどうなるでしょうか。当然ですが、2−3 は −1 となります。自然数は引き算の操作ができなくなる

付録 ● 数学の復習

ことがあるのに対して、整数は引き算をそつなくこなせる数という違いがあることが分かります。数を使って何かを考える際、数の全体をどのように捉えるかによって、できる計算が違ってきます。

このテキストや多くの経済学のテキストでは、数の全体として**実数**を考えることが多いといえます。実数とは、整数と整数の間に連続的な線を引きその直線上のすべての点に数を対応させるようなものとして捉えた数の全体です。この直線は原点0の左右に伸びた一本の直線であり、数直線といいます。

> **実数**
> 原点0の左右に伸びた一本の直線を数直線といい、その数直線上のすべての点に数を対応させることで、向きを含めた原点との位置関係として数を捉えたものの全体を実数と呼ぶ。

整数で何かを考える場合、考える基準はあくまでも考えている何かの1単位に固定されます。したがって、何かを1単位より小さく分割するわけにはいきません。よって、整数では $\frac{1}{2}$ という分数は表現できません。一方で、実数では整数と整数の間にも数が連続的に存在していると考えるので、0と1の間の真ん中を $\frac{1}{2}$ という分数により表現することができます。これを数学的には「除法(割り算)が可能」といいます。

また、数の中には「円周率；3.141592...」や「2の平方根；1.414213...」のように割り算の形では表記できない数(無理数)もありますが、実数ではこれら無理数も捉えることができます。このように、数直線上に連続的に存在している数の全体をとらえるものが実数ということになります。

● 変数・定数・未知の定数(パラメータ)

数学では1、2、3や $\frac{1}{5}$ のような具体的な数字と x や y のような記号を使い、数を表します。数学で記号を用いるのは、**その数の値が分からないということを明示する**ためです。例えば、記号 x に対して $x+2$ という式を考えます。これは「x に2を足す」という意味です。ここで、記号 x を**未知の数**といいま

す。特に、「未知の変数 x」といった場合、x の中身はいろいろ変わり得ます。x が 0 であれば $0+2=2$、x が 1 であれば $1+2=3$ となります。x はいろいろと変わり得る値であることから**変数**といいます。一方、$x+2$ の 2 は変数 x がどのような値を取っても必ず 2 に決まっている（定まっている）ので**定数**といいます。

未知の数は変数だけとは限りません。**未知の定数**というものもあります。未知の変数 x と未知の定数 a に対して $x+a$ という式を考えます。これは x が 0 であれば $0+a=a$、x が 1 であれば $1+a$ となります。未知の定数 a は「値は確定していないが、1 点に決まっている数」ということです。このような未知の定数を**パラメータ**と呼びます。

同じ記号でも変数（まだ値が確定しておらず、またどのような値でも取り得る数）とパラメータ（まだ値が確定していないが、基本的には 1 点に決まっている数）があるので注意が必要です。

変数・定数・未知の定数（パラメータ）

- 変数とは、値が確定しておらずいろいろな値を取り得る数
- 定数とは、値が確定している数
- パラメータとは、値は確定していないがある 1 点を取る数

累乗（べき乗）

変数 x を 2 回掛け合わせる操作を「x を 2 乗する」といいます。この場合、$x \times x = x^2$ と表記します。一般に x を n 回掛けあわせる操作を x^n と表現します。これを x の n 乗といいます。x を**基数**、n を**指数**あるいは**べき数**とよびます。指数 n は 1、2、3 のような自然数とは限りません。分数となることも、負の数を取ることもあります。もちろん 0 ということもあります。ここで、x^0 はとても大事なので定義しておきます。

付録 ● 数学の復習

> **0乗について**
> 数を0乗すると必ず1になる。すなわち、あらゆる数 x に対し、$x^0 = 1$

添え字

　数学を経済学に応用する場合、**添え字**という表記法を用います。例えば、x を所得とします。所得は毎年変化します。2014年の所得、2015年の所得というように複数年の所得を扱う必要がある場合は、x_{2014}、x_{2015} というように右下に年を添えて、その x が2014年や2015年の所得であることを明示します。この右下に添えて表記する方法を添え字（下添え字）といいます。$x×2014$ や $x×2015$ ではないので注意が必要です。

2　式の基本ルール

計算の優先順位

　数を操作する手順を示したものを**式**といいます。式は、数（変数、定数、未知の定数（パラメータ））とその数に対する操作手順で構成されます。操作手順は計算記号で表されます。計算記号には**優先順位**があります。

> **計算記号の優先順位**
> 1. ［ ］＝大括弧、｛ ｝＝中括弧、（ ）＝小括弧など、括弧内の計算
> 2. 累乗（x^2 のように肩に乗っかった形のもの）の計算
> 3. 乗法（かけ算；×）記号と除法（割り算；÷）記号の計算
> 4. 加法（足し算；＋）記号と減法（引き算；－）記号の計算

　例として、次の計算問題を解いてみましょう。

$$3+(4-5)\times 4\div 2^2+10$$

まずは（　）内を最初に計算し、$(4-5) = -1$ なので $3-1\times 4\div 2^2+10$ となります。次に累乗（2乗部分）を計算し、$2^2 = 4$ なので $3-1\times 4\div 4+10$ となります。次に掛け算、割り算を計算し、$1\times 4\div 4$ のうち $1\times 4 = 4$ なので $4\div 4 = 1$ より、$3-1+10$。最後に足し算、引き算を計算し、$3-1+10 = 12$ となります。したがって、答えは 12 となります。

● 割り算と分数の計算についての注意

計算をする際、割り算の取り扱いで混乱することがあります。割り算の計算ルールは次のようなものです。

割り算の計算ルール

割り算は、割り算記号（÷）の直後にある数を分母、1 を分子とする分数に変換して掛け算として扱う。

例えば、$2\div 3\times 6$ であれば、割り算記号の直後に 3 があります（÷3 の 3 の部分）。これを $\times \frac{1}{3}$ と変換します。すなわち、$2\times \frac{1}{3}\times 6 = \frac{2}{3}\times 6 = 4$ となります。このように、割り算は分数の掛け算として扱うことができます。

加減乗除の計算手順のルールと分数の掛け算が割り算であることを覚えれば、分数の足し算についてのよくある間違いもなくなるはずです。例えば $\frac{1}{2}+\frac{1}{4}$ を $\frac{1}{2}+\frac{1}{4} = \frac{1+1}{2+4} = \frac{2}{6} = \frac{1}{3}$ としてしまう例です。当然ですがこれは間違いです。なぜならば、$\frac{1}{2}+\frac{1}{2} = 1\div 2+1\div 4$ で、$\frac{1+1}{2+4} = (1+1)\div (2+4)$ ではないからです。

● 記号の計算のルール

記号が入った数式（文字式）では、次の計算ルールに注意が必要です。

付録 ● 数学の復習

記号の計算ルール：掛け算記号の省略

記号の数式では、掛け算記号（×）を省略してよい。$a \times b = ab$

当然ですが、2×3 = 23としてはいけません。2×3 = 6です。文字式にのみ適用できるルールです。

計算順序の入れ替えに関するルール：交換法則・結合法則

加法（足し算）と乗法（掛け算）の計算順序は入れ替え可能。

$$\text{交換法則} \begin{cases} a+b = b+a \\ ab = ba \end{cases}$$

$$\text{結合法則} \begin{cases} a+(b+c) = (a+b)+c \\ a(bc) = (ab)c \end{cases}$$

減法（引き算）、除法（割り算）は上の法則が成立しないので注意が必要です。

括弧の計算ルール：分配法則

括弧の計算は以下のような関係がある。

$$\text{分配法則} \begin{cases} a(b+c) = ab+ac \\ (a+b)c = ac+bc \end{cases}$$

計算の優先順位のルールからすると、（ ）内は優先的に計算しなければなりません。しかし、記号の式の場合、（ ）内を計算しても単一の数になるわけではありません。そのため、（ ）内の計算をしないで、乗法の計算をしてもよいことになります。

■ **式の次数と指数の計算ルール**

数式には**次数**というものがあります。文字式のうち2乗された文字の部分を

2次項といい、3乗された文字の部分を3次項といいます。n乗された文字の部分をn次項といいます。式は、その式の中に含まれる最大の次数に応じて「○次式」と呼ばれます。$x^2+2xy+y^2$であれば、xの2次式、yの2次式です。$x^3+x^2+2xy+y^2$であれば、xの3次式、yの2次式です。

また、ある定数に変数xが掛かっている場合、その定数を**係数**と呼びます。ある定数にxが掛かっていない場合、その定数を**定数項**と呼びます。例えば、$5x^2+4x+3$であればx^2に掛かる5を「xの2次項の係数」と呼び、xに掛かる4を「xの1次項の係数」と呼び、3を定数項と呼びます。

一般にxをn回掛けあわせる操作をx^nと表現し、xのn乗といいました。指数の計算ルールについても説明しておきましょう。

指数の計算ルール
- $x^a \times x^b = x^{a+b}$
- $(x^a)^b = x^{ab}$
- $(x^a \times y^b)^c = x^{ac} \times y^{bc}$
- $x^{-1} = \dfrac{1}{x}$

  （理由）$x^0 = 1$と定義しているので、$x^{1-1} = 1$である。ということは、$x^{1-1} = x^1 \times x^{-1} = 1$となるため、$x^{-1} = \dfrac{1}{x}$となる。

指数の計算ルールを利用すると、平方根を累乗で表記することができます。

平方根の累乗表記
$\sqrt{x} = x^{\frac{1}{2}}$
（理由）$\sqrt{x}$は2乗するとxになる数である。$x^{\frac{1}{2}}$を2乗すると$(x^{\frac{1}{2}})^2 = x^{\frac{1}{2}} \times x^{\frac{1}{2}} = x^{\frac{1}{2} \times 2} = x$である。

付録 ● 数学の復習

3 方程式の基本ルール

方程式の意味と計算ルール

式の計算ルールを覚えたところで、次に方程式を考えてみましょう。

> **方程式**
>
> 未知の数（記号）の満たすべき条件が等式（「＝」でつながれた式）で表されたとき、その等式を**方程式**という。

例えば $2x+1$ はただの式です。方程式は $2x+1=4$ というような形式を取ります。これは「ある未知の数 x を2倍して1を加えると4になる」ことを意味しています。すなわち、方程式とは**未知の数 x が満たすべき条件について述べている**式です。計算してみれば明らかですが、$2x+1=4$ を満たす未知の数 x は1や2ではありません。それでは、x はどのような値なのでしょうか。次の方程式の基本ルールを利用すると、このような条件を満たす x の値を求めることができます。これを**方程式を解く**といいます。また、条件を満たす x を**方程式の解**といいます。

> **方程式の基本ルール**
>
> ● 同じものに同じものを足し引きしても同じ。$x=y$ ならば $x+a=y+a$
> ● 同じものに同じものを掛けても同じ。$x=y$ ならば $ax=ay$

1次方程式の解

方程式で式の次数が1次のものを**1次方程式**といいます。方程式の基本ルールを使って1次方程式 $2x+1=4$ を解いてみましょう。$2x+1=4$ の両辺から1を引くと、$(2x+1)-1=4-1 \Leftrightarrow 2x=3$ となります。

次に両辺に $\frac{1}{2}$ を掛けると、$\frac{1}{2} \times 2x = \frac{1}{2} \times 3$ となります。したがって、解は $x = \frac{3}{2}$ となります。

2次方程式の解

方程式で式の次数が2次のものを **2次方程式** といいます。例えば $x^2 + 2x + 1 = 0$ という式です。この式の意味は「ある未知の数 x を2乗したものと、未知の数 x を2倍したものと、1を足し合わせると0になる」です。やや複雑ですが、2次方程式も未知の数 x が満たすべき条件について述べていることが分かります。どのような x がこの2次方程式の解となるのでしょうか。

2次方程式の解を見つける操作にはさまざまな方法があります。因数分解が有名ですが、常に因数分解により解を求めることができるわけではありません。そこで、2次方程式には **解の公式** と呼ばれる有名な公式があります。導出のプロセスは省略して、ここでは公式だけを示します。

2次方程式の解の公式

2次方程式 $ax^2 + bx + c = 0$ の解は以下のように書ける。

$$x = -\frac{b}{2a} \pm \frac{\sqrt{b^2 - 4ac}}{2a}$$

---

4 分数と比例関係

分数の考え方と計算ルール

何かの数を数える際、「数える対象」と「数える基準」の2種類が必要になります。分数はこれらを明確にしながら数を表現することができます。数える対象を **分子** といい、数える基準を **分母** といいます。

分数の計算ルールは以下のようなものです。

付録 ● 数学の復習

> **分数の計算ルール1**
>
> 分数の掛け算は分子同士、分母同士をそのまま掛ける。
>
> $$\frac{b}{a} \times \frac{d}{c} = \frac{b \times d}{a \times c} = \frac{bd}{ac}$$

> **分数の計算ルール2**
>
> 分数の逆数は分子と分母を入れ替える。分数 $\frac{a}{b}$ に対して $\frac{1}{\frac{a}{b}} = \frac{b}{a}$
>
> (理由) $\dfrac{1}{\frac{a}{b}} \times \dfrac{b}{b} = \dfrac{b}{\frac{a}{b} \times b} = \dfrac{b}{a}$

例えば、$\frac{1}{2}$ の逆数 $\frac{1}{\frac{1}{2}}$ は「1の大きさを $\frac{1}{2}$ を基準にして測る」ということを意味します。1は $\frac{1}{2}$ の2倍なので2となります。

> **分数の計算ルール3**
>
> 分数の割り算は割る項を逆数にして掛ける。
>
> $$\frac{b}{a} \div \frac{d}{c} = \frac{b}{a} \times \frac{1}{\frac{d}{c}} = \frac{b}{a} \times \frac{1}{\frac{d}{c}} \times \frac{c}{c} = \frac{b}{a} \times \frac{c}{d}$$

既に割り算とは「÷の次にある数を逆数にして掛ける操作」と説明しました。従って、分数の割り算は分数を逆数にして掛けることに他なりません。

4 ● 分数と比例関係

> **分数の計算ルール4**
>
> 分数をより簡単な数の分数に書き換えることを**約分**という。約分できない分数を既約分数という。分数は必ず既約分数の形に直す。

約分することで分子と分母の数が違っても同じ値であることがわかります。

> **分数の計算ルール5**
>
> 分数同士を足す（または引く）場合、基準（分母）をそろえる（通分する）必要がある。
>
> $$\frac{b}{a}+\frac{c}{d}=\frac{b}{a}\frac{d}{d}+\frac{c}{d}\frac{a}{a}=\frac{bd}{ad}+\frac{ca}{ad}=\frac{ac+bd}{ad}$$

分母は数える基準です。分母が異なれば数える基準が異なるわけですから、数える基準をそろえた上で足す（または引く）必要があります。

● 比例関係

相対的な関係を表現する手段として、分数以外に**比例関係**や**比例式**と呼ばれるものもあります。例えば、2は1の2倍です。また、4は2の2倍です。よって、2と1、4と2の相対的な関係はどちらも左の数が右の数の2倍で等しいということになります。このことを $2:1=4:2$ というように表現します。相対的な大きさを表す比例式は、相対的な大きさを表す分数と密接な関係があります。例えば、$2:1$ は「2と1の相対的な大きさ」という意味で「1を基準にしたときの2の大きさ」ともいえます。同様に、$4:2$ は「4と2の相対的な大きさ」という意味で「2を基準にしたときの4の大きさ」ともいえます。よって、2を1で基準化するということを明示的に書けば $\frac{2}{1}$、4を2で基準化することを明示的に書けば $\frac{4}{2}$ となります。すなわち、$2:1=4:2\Leftrightarrow\frac{2}{1}=\frac{4}{2}$ ということです。記号で書くと、$a:b=c:d\Leftrightarrow\frac{a}{b}=\frac{c}{d}$ であり、両辺に bd をそ

付録 ● 数学の復習

れぞれ掛けると、$ab = bc$ と書きかえることができます。これは内項の積と外項の積が一致するという有名な公式です。

比例関係の数式表現

$$a : b = c : d \Leftrightarrow ad = bc$$

（内項の積 bc、外項の積 ad）

---

5 関係自体を考える関数

関数とは何か

比例式と分数の対応関係を理解したところで、「関係」という概念をもう一歩進めて考えていきましょう。2：1という比例関係を表現する方法は、4：2や3：1.5などさまざまな組み合わせがありました。この関係をもう少し一般的に表現すると、「変数 x と変数 y の相対的な関係が1と2の相対的な関係と等しい」と表記できます。これを比例式で表現すると、$x : y = 1 : 2$ となります。これを分数または内項の積と外項の積の一致で表記し直すと、$y = 2x$ となります。「変数 x と変数 y の相対的な関係が1と2の相対的な関係と等しい」という比例関係は、「変数 y は変数 x の2倍に等しい」という関係と同じことだということになります。変数 x の値が変われば変数 y の値も変わるので、$y = 2x$ は変数 x と変数 y の関係を表現していることが分かります。このように、**ある変数と他の変数の間の関係を規定する数式を関数といいます**。$y = 2x$ は変数 y が変数 x の1次式で表現できるので**1次関数**といいます。他にも $y = 2x+3$ のように1次の項に定数項が加わったものも1次関数です。

比例関係以外の関係を表す関数もあります。$y = 2x^2+3x+4$ というように y が x の2次式で表現できる場合、**2次関数**といいます。また、y を x^n と関係づける関数 $y = x^n$ を**べき関数**といいます。

関数は、関数であることが明確になるように表記します。

5 ● 関係自体を考える関数

> **関数**
> 変数 y が変数 x に依存して決まるとき、その対応関係を表現した式を関数という。$y = F(x)$ や $y = f(x)$ と表記する。

F や f は function（関数）の頭文字 f です。この F や f は変数や未知の定数（パラメータ）ではないという点に注意してください。$y = f(x)$ は y が x に依存しているということを意味します。$y = f \times x$ の意味ではないので注意してください。なお、f 以外の記号を使って関数を表現することもあります（例えば、$u(x)$）。

● 数直線と座標平面

$y = 2x$ というように変数が 2 つある式は、変数 x の値に応じて変数 y が決まるという対応関係を表します。x と y の対応関係を表現する方法として、座標平面を用います。座標平面は 2 本の数直線から構成されます。1 つの数直線は変数 x の取り得る値の全体で、もう 1 つの数直線は変数 y の取り得る値の全体です。これをそれぞれの原点 0 で横方向と縦方向に直角に組み合わせます。そうすると、図 A.1 のように平面上に 2 本の線が走っている形になります。横の線が変数 x を表すとすると x 軸、縦の線が変数 y を表すとすると y 軸と呼びます。単に、横軸、縦軸といったり、x と y 以外の変数を使った場合はその変数で軸の名前を呼ぶこともあります。

この 2 本の線による平面全体を **座標平面** とか **xy 平面** といいます。座標平面は平面上の 1 つ点をその点から x 軸方向に真下に下ろした点（x 座標）と、y 軸方向に真横に水平移動したときにぶつかる点（y 座標）の 2 つで表現します。例えば、図 A.1 には xy 平面上の 3 つの線が描かれています。例えば、$(1, 2)$ という点は、x 軸上の 1 と y 軸上の 2 の組み合わせによって表現されます。$(2, 4)$ という点は、x 軸上の 2 と y 軸上の 4 の組み合わせによって表現されます。

付録 ● 数学の復習

6 単調な関係を表す1次関数

1次関数の性質

1次関数は変数 y を変数 x の1次式により表現します。一般的に1次関数とは x と y の関係を $y = ax+b$ のように分解して表現します。未知の定数（パラメータ）a は y のうち x の値に応じて決まる部分（x が1変化すると y は a 変化する）です。未知の定数（パラメータ）b は y のうち x の値とは無関係な部分です。ここで

- 未知の定数（パラメータ）a を**係数**または**傾き**と呼び、
- 未知の定数（パラメータ）b を**定数項**または **y 切片**と呼びます。

関数は、y が x に依存していることを明示するために $y(x) = ax+b$、または、$y = f(x) = ax+b$ というように表記することもあります。

単純な比例関係 $y = 2x$ を考えましょう。これは $x = 0$ のときに $y = 0$、$x = 1$ のときに $y = 2$、$x = 2$ のときに $y = 4$、$x = 3$ のときに $y = 6$ となります。これを (x, y) 座標で表現すると $(0, 0)$、$(1, 2)$、$(2, 4)$、$(3, 6)$ です。x、y を実数とする場合、$x = 0.5$ であれば $y = 1$ というように $y = 2x$ の関係は無数に存在しています。これを xy 平面で表現すると図 A.1 の右上がりの実線のようになります。1次関数は点をつなげた直線であるということが分かります。このことから1次関数を**線形関数**と呼びます。先ほどの比例関係に定数項を加えた1次関数 $y = 2x-1$ は $x = 0$ のときに $y = -1$、$x = 1$ のときに $y = 1$、$x = 2$ のときに $y = 3$、$x = 3$ のときに $y = 5$ となります。これを (x, y) 座標で表現すると $(0, -1)$、$(1, 1)$、$(2, 3)$、$(3, 5)$ です。これを xy 平面で表現すると図 A.1 の点線のようになります。$2x$ と $2x-1$ を比較すると $2x-1$ は $2x$ を下側に1だけ平行移動したものだということが分かります。

$y = 2x$ や $y = 2x-1$ のように、1次関数の係数が正であるとき、x の増加に伴い y も増加します。そのため、図 A.1 の右上がりの実線、点線のように、1次関数は右上がりとなります。1次関数の係数が負であるとき、x の増加に伴い y は減少します。そのため、1次関数は右下がりとなります。例えば、1

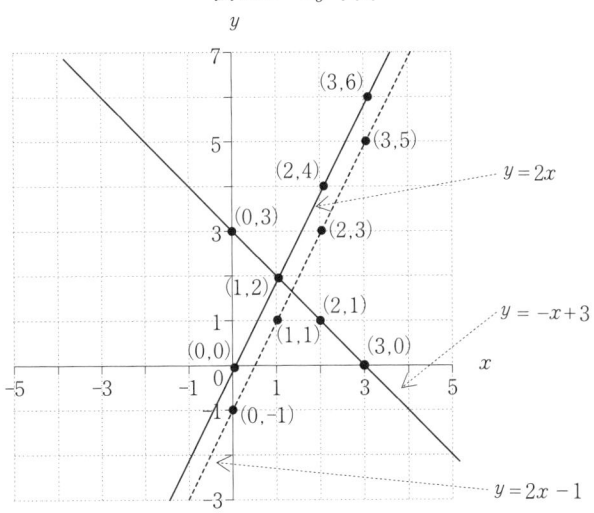

図 A.1　xy 平面

次関数 $y=-x+3$ は $x=0$ のときに $y=3$、$x=1$ のときに $y=2$、$x=2$ のときに $y=1$、$x=3$ のときに $y=0$ となります。これを (x,y) 座標で表現すると $(0,3)$、$(1,2)$、$(2,1)$、$(3,0)$ です。これを xy 平面で表現すると図 A.1 の右下がりの実線のようになります。係数は 1 次関数が表す直線の傾きや、傾きの勾配を決めています。

> **1 次関数の性質**
> - 1 次関数は 1 次項の係数が正であれば右上がり、負であれば右下がりの直線となる。
> - 定数項は y 切片（縦軸との交点）を表す。

関係と関係の関係：連立方程式

関数とは、ある変数 x と他の変数 y との間の関係を規定するものであり、その関係を満たすさまざまな x と y の組み合わせを示すものでした。では、

付録 ● 数学の復習

ある変数xと他の変数yとの間の関係が複数あったらどうなるでしょうか。例えば、平面上で直線が2本あったとします。直線はそれぞれがxとyの間の関係を規定するものですが、2本の直線が交わる点では、2本の直線が表す関係を同時に満たすことになります。具体的には、$y = 2x$は図A.1の右上がりの実線、$y = -x + 3$は右下がりの実線に対応しています。2本の直線の交点は座標$(1, 2)$ですが、この点は$y = 2x$も$y = -x + 3$も同時に満たすxとyの組み合わせということになります。

2本の関数によりxとyの関係が規定されており、求めようとするxとyの満たすべき条件が等式で表されているとき、その2本の式を**連立方程式**と呼びます。そして、**この2本の関数が表す関係を満たすxとyを求めることを連立方程式を解く**といいます。

一般的に連立方程式の解き方には**加減法**と**代入法**があります。ここでは代入法のみ説明します。次の連立方程式があるとします。

$$\begin{cases} y = 2x & \text{(A.1)} \\ y = -x + 3 & \text{(A.2)} \end{cases}$$

(A.2)式を(A.1)式に代入すると$2x = -x + 3 \Leftrightarrow 2x + x = 3 \Leftrightarrow 3x = 3 \Leftrightarrow x = 1$となります。これを(A.2)式に代入すると$y = -1 + 3 = 2$となります。これは図A.1の右上がりの実線と右下がりの実線の交点となっていることで確認できます。

これまでは係数や定数項が具体的な数値のケースを考えてきました。しかし、未知の定数（パラメータ）を含んだ連立方程式を解くことも重要です。変数x、y、未知の定数（パラメータ）a、b、c、dが与えられているとき、

$$\begin{cases} y = ax + b \\ y = cx + d \end{cases}$$

という連立方程式があるとします。この連立方程式を解くには、上と下の式が同じyになっていることから$ax + b = cx + d \Leftrightarrow x = \frac{d-b}{a-c}$となります。これをもとの式（例えば上の式）に代入すると、$y = a\frac{d-b}{a-c} + b = \frac{a(d-b) + b(a-c)}{a-c} = \frac{ad-bc}{a-c}$となります。なお、$a = c$のとき、$x$も$y$も分母が0になることから、

値を求めることができません。これは 2 本の平行線は交点を持たないことに対応します。

7　非単調な関係を表す 2 次関数

● 2 次関数の性質

2 次関数は $y = ax^2 + bx + c$ のように、2 次式で表現される関数です。2 次関数がどのような形状で描けるかを理解するために、2 次の項 (ax^2) の形状を確認しておきましょう。まず単純に $y = x^2$ という関数を考えます ($a = 1$ の場合)。x を -3 から 6 まで変化させると y の値は 9、4、1、0、1、4、9、16、25、36 となります。$y = -x^2$ ($a = -1$ の場合) も同じく x を -3 から 6 まで変化させると y の値は -9、-4、-1、0、-1、-4、-9、-16、-25、-36 となります。これらを xy 平面上に描いたものが図 A.2 の実線です。$y = x^2$ は 0 を中心に下を向いた左右対称な U 字型をしています。$y = -x^2$ は 0 を中心に上を向いた左右対称な逆 U 字型をしています。下を向いた U 字型を**下に凸**、上を向いた逆 U 字型を**上に凸**と呼びます。

次に、$y = (x-3)^2$ と $y = -(x-3)^2$ という関数を考えてみましょう。それぞれ、$y = x^2 - 6x + 9$、$y = -x^2 + 6x - 9$ とも書けます。x を -3 から 6 まで動かしたとき、y の値はそれぞれ ± 36、± 25、± 16、± 9、± 4、± 1、± 0、± 1、± 4、± 9 となります。これらを xy 平面上に描いたものが図 A.2 の点線です。$y = (x-3)^2$ も $y = -(x-3)^2$ も、$x = 3$ を中心としてそれぞれ下に凸、上に凸の左右対称な形となっています。

---

2 次関数の性質

- 2 次関数は 2 次項の係数が正であれば下に凸、負であれば上に凸な形状になる。
- 2 次関数は左右対称な形をしている。

付録 ● 数学の復習

図 A.2　2 次関数の性質

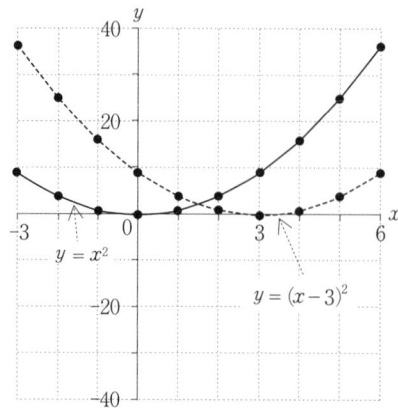

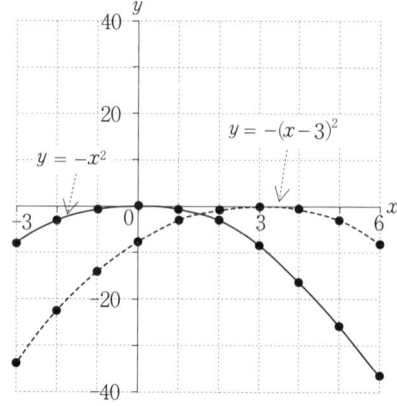

2 次関数の最大値の座標

2 次関数は 2 次項の係数が正であれば下に凸なので最小値を持ちます。負であれば上に凸なので最大値を持ちます。2 次関数の最大値・最小値を表す座標を **頂点** と呼びます。2 次関数の頂点を求めるもっとも単純な方法は 2 次方程式の解の公式を利用するものです。2 次方程式 $ax^2+bx+cx=0$ の解が $x=-\frac{b}{2a}\pm\frac{\sqrt{b^2-4ac}}{2a}$ となるのを思い出してください。2 次方程式を 2 次関数 $y=ax^2+bx+c$ で $y=0$ のケースと解釈してみましょう。すると、2 次方程式の解は 2 次関数が x 軸（$y=0$）と交わるときの x の値を表しています。これは、$x=-\frac{b}{2a}$ を中心にして $\pm\frac{\sqrt{b^2-4ac}}{2a}$ であることが分かります。2 次関数は左右対称な形をしているので、頂点は 2 つの解の中心である $x=-\frac{b}{2a}$ となることがわかります。

> **2 次関数の頂点を与える x**
>
> 2 次関数 $y=ax^2+bx+c$ に頂点を与えるような x は、$x=-\frac{b}{2a}$

7 ● 非単調な関係を表す2次関数

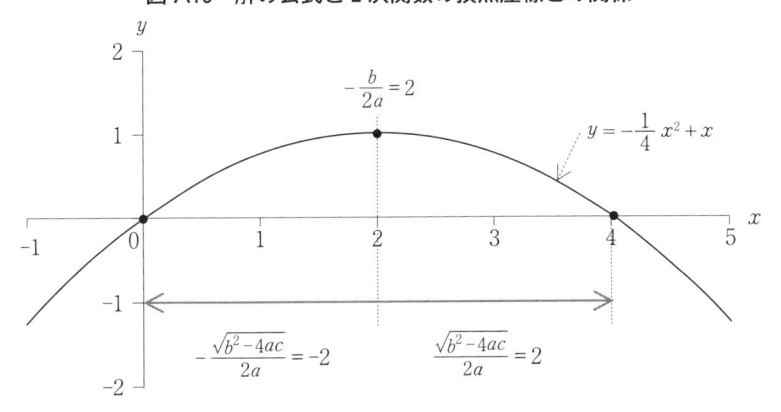

図 A.3　解の公式と2次関数の頂点座標との関係

具体例として、$y = -\frac{1}{4}x^2 + x$ を考えてみましょう。$y = 0$ との交点は、$-\frac{1}{4}x^2 + x = 0$ の解として求めることができます。この解は、$x = -\frac{b}{2a} \pm \frac{\sqrt{b^2 - 4ac}}{2a}$ より、$x = 2 \pm 2$、すなわち $x = 0$ と $x = 4$ となります。図 A.3 から分かるように、この2次関数の頂点の x 座標は、x 軸（$y = 0$）との交点 $x = 0$ と $x = 4$ の真ん中にある $x = 2$ です。この値は、公式より、$x = -\frac{b}{2a} = -\frac{1}{2 \times \left(-\frac{1}{4}\right)} = 2$ として求めることができます。

おわりに

このテキストで学んだこと

　このテキストでは、1次関数や2次関数など基本的な数学的手法を使って、市場の役割を中心としたミクロ経済学の基本的な考え方を学びました。学んだ内容の流れを簡単に振り返ることにしましょう。

　第1章では、資源が希少であることから発生するトレードオフについて説明し、トレードオフという考え方が機会費用という費用の概念と密接な関係にあるということを学びました。そして、希少な資源をどう利用するかという観点から、効率性と衡平性の考え方について学びました。第2章では、生産活動において希少な資源を効率よく利用するという観点から分業の意義について学びました。ここでは、比較優位という非常に重要な経済学の概念を確認しました。第3章では、自発的な交換や取引には価値を生み出す仕組みがあるということを学びました。ここでは、自発的な交換や取引が売り手と買い手の両者に利益を生み出すということを、留保価格・消費者余剰・生産者余剰という考え方で説明しました。そして、自発的に交換や取引をする動機としてインセンティブという考え方が重要であるということを確認しました。

　第4章では、市場取引を分析するための枠組みを簡単に説明するために、需要表と供給表を用いて需要法則と供給法則について学びました。第5章では、消費者の効用最大化問題について学びました。ここでは、効用最大化問題を解いて需要関数を導出し、需要法則が成立していることを確かめました。さらに、消費者余剰の考え方について需要曲線を用いて再考しました。第6章では、生産者の利潤最大化問題について学びました。利潤最大化問題を解いて供給関数を導出し、供給法則が成立していることを確かめました。さらに、供給曲線を用いて生産者余剰の考え方について再び確認しました。

　第7章では、需要と供給の釣り合いがとれている状態である市場均衡について学びました。そして、市場均衡が持つ経済主体にとっての望ましさについて、

消費者余剰・生産者余剰・社会的余剰から考えました。最後に、第8章では、主に第6章で扱った生産者行動の内容をやや発展させる形で、取引費用が存在する場合や、市場構造が異なる場合の市場均衡について学びました。

　このように、1次関数と2次関数で議論（LQアプローチ）できる範囲に絞っても、これだけの内容を扱うことができるのです。ただし、LQアプローチでは標準的なミクロ経済学で説明されるいくつかの重要な概念を捨象しています。逆にいうと、標準的なミクロ経済学で重要とされる概念は、2次関数よりも複雑な数学的基礎を持った概念であるということを意味します。このような概念を理解することは十分な数学力がないとかなり難しいことから、まずは2次関数で扱える範囲の経済分析を徹底的に理解しようというのがこのテキストの目的でした。このテキストを学び終えて、2次関数までの範囲だけで驚くほどさまざまな社会現象を経済学的に分析することができるということを理解してもらえたならば幸いです。

これからの学習のために

　近年、日本語で書かれたミクロ経済学の優れたテキストが多数出版されています。これらの中から、このテキストを学び終えてさらにミクロ経済学の勉強をしたいという人のために、私たちがお薦めするミクロ経済学のテキストを2冊紹介したいと思います。

　私たちはこのテキストを通して余剰という考え方の重要性と余剰分析の有用性を強調してきました。私たちの身の回りには数多くの政策的な課題があります。余剰分析はこれらの政策を評価するための手法のひとつです。第8章の最後で消費税の課税が市場均衡に与える影響について学びましたが、これも余剰分析を用いた政策評価の応用例のひとつです。

● 八田達夫（2013）『ミクロ経済学 Expressway』東洋経済新報社

　上記のテキストは余剰分析に特化して数多くの現実の経済政策を評価しており、現実の分析に応用するためのさまざまな事例を学ぶことができます。上記のテキストを読むことで余剰分析の有用性をさらに体感できるのではないかと

おわりに

考えています。

　また、私たちはこのテキストで消費者の効用関数や生産者の費用関数を2次関数とすることで、線形の需要曲線・供給曲線を導出して市場の分析を行いました。すでに述べたように、ミクロ経済学で議論される事項にはこのような定式化では分析できないものもあります。例えば、このテキストでは、ミクロ経済学で扱われる内容の中でも部分均衡分析に限定し、一般均衡分析やゲーム理論などの範囲は除外していました。

● 神取道宏（2014）『ミクロ経済学の力』日本評論社

上記のテキストは、このテキストで扱っていない内容も含む包括的なミクロ経済学のテキストです。上記のテキストを読むことで、このテキストで学んだミクロ経済学の概念がミクロ経済学全体の中でどのような位置づけなのかを確認することができると思います。

例題の解答例

解答例の一部は省略、全部の解答例は日本評論社のホームページ（http://www.nippyo.co.jp/download）からダウンロード可能

第1章

例題1-1　1．誤り　　2．誤り　　3．誤り　　4．誤り

例題1-2　省略

第2章

例題2-1　1．$\frac{3}{2}$脚　2．$\frac{2}{3}$台　3．省略　4．8セット

　　　　　5．$\frac{2}{3}$脚　6．$\frac{3}{2}$台　7．省略　8．4セット

例題2-2　1．家具職人B　　2．家具職人A
3．家具職人Aは机を4台、イスを14脚製造する。家具職人Bは机を10台製造してイスを製造しない。そして、家具職人Aが家具職人Bにイスを5脚渡し、家具職人Bが家具職人Aに机を5台渡す。

例題2-3　1．妻が料理と製菓の両方に絶対優位を持つ（理由は省略）
2．夫が料理に比較優位を持ち、妻が製菓に比較優位を持つ（理由は省略）
3．省略

第3章

例題3-1　1．取引価格は100円から120円の間　　2．買わない
3．売らない　　4．社会的余剰は20円
5．省略　　6．省略　　7．省略　　8．省略

例題3−2　1．$10000 = 300x + 200y$　　2．$y = 50 - \frac{3}{2}x$

例題3−3　省略

第4章

例題4−1　1．市場環境　2．完全競争　3．できない　4．独占
　　　　　5．複占　6．寡占　7．独占的競争　8．できる

例題4−2　1．$P = 400 - 5D$（図示は省略）
　　　　　2．$P = 180 - \frac{9}{2}D$（図示は省略）
　　　　　3．$P = 500 - 25D$（図示は省略）

例題4−3　1．$P = 5S$（図示は省略）
　　　　　2．$P = \frac{11}{3}S$（図示は省略）
　　　　　3．$P = 34S$（図示は省略）

例題4−4　1．誤り　2．正しい　3．正しい　4．誤り　5．正しい
　　　　　6．誤り　7．誤り　8．正しい

第5章

例題5−1　1．消費者　2．財　3．サービス　4．予算制約
　　　　　5．トレードオフ　6．機会費用　7．消費　8．効用
　　　　　9．効用関数　10．効用最大化　11．限界効用逓減

例題5−2　図示は省略

c	0	1	2	3	4	5	6
$B=2$	0	$\frac{3}{2}$	2	$\frac{3}{2}$	0	$-\frac{5}{2}$	-6
$B=5$	0	$\frac{9}{2}$	8	$\frac{21}{2}$	12	$\frac{25}{2}$	12

例題5−3　$u = -\frac{1}{8}c^2 + 2c$

例題5−4　1．$c = 4$　$m = 13$
　　　　　2．$c = 4 - 2\sqrt{3}$　$m = 13 + 2\sqrt{3}$

例題の解答例

　　　　　　3．$c=2$　$m=11$

例題 5-5　1．$30000=240c+m$　2．8 低下　3．省略
　　　　　4．3 個目（2 から 3）から　5．$U=-c^2+4c+1000$
　　　　　6．需要量は 2　7．需要量は 4　8．需要法則が成立する

例題 5-6　1．$30000=240c+m$　2．4 低下　3．省略
　　　　　4．3 個目（2 から 3）から　5．$U=-c^2+4c+500$
　　　　　6．需要量は 2　7．需要量は 3　8．需要法則が成立する

例題 5-7　省略

例題 5-8　1．限界効用は逓減しない　2．$U=(2000-5P)t+6000$
　　　　　3．O 君はカラオケを利用しない
　　　　　4．O 君はカラオケを 4 時間利用する
　　　　　5．需要法則が成立する

例題 5-9　1．10　2．5　3．$\frac{5}{2}$

例題 5-10　1．$10000=Pc+m$　2．$U=-\frac{1}{2}c^2+\left(100-\frac{1}{4}P\right)c+2500$
　　　　　3．$D=100-\frac{1}{4}P$　4．需要量は 75　5．需要量は 50

例題 5-11　1．$10000=Pc+m$　2．$U=-\frac{1}{2}c^2+\left(100-\frac{1}{2}P\right)c+5000$
　　　　　3．$D=100-\frac{1}{2}P$　4．需要量は 50
　　　　　5．需要量は 0（つまり高くて買う気がしない状態）

例題 5-12　1．$P=400-4D$（図示は省略）　2．11250　3．5000

例題 5-13　1．$10000=Pc+m$　2．$U=-Pc^2+10000c$
　　　　　3．$D=\frac{5000}{P}$　4．省略

例題 5-14　1．$1000=Pc+Qe$　2．$U=-\frac{P}{Q}c^2+\left(\frac{1000+Q}{Q}\right)c$
　　　　　3．$D=\frac{1000+Q}{2P}$　4．省略　5．省略　6．省略　7．省略

例題 5-15　1．正しい　2．誤り　3．正しい　4．誤り　5．正しい
　　　　　6．誤り　7．正しい　8．誤り

例題 5-16　省略

229

第6章

例題6-1 1．利潤　2．収入　3．費用　4．生産量　5．価格
6．生産要素価格　7．生産要素投入量　8．限界生産性
9．限界費用　10．逓減　11．逓増

例題6-2 1．$TC = \frac{W}{4}y^2$　2．$TC = \frac{W}{16}y^2$　3．$TC = 4Wy^2$

例題6-3 1．$TC = \frac{1}{2}y^2$　2．$\pi = 10y - \frac{1}{2}y^2$　3．省略　4．10

例題6-4 1．限界収入　2．限界費用　3．増やす　4．減らす
5．8　6．ゼロ　7．限界利潤　8．プラス（正）
9．マイナス（負）

例題6-5 1．$\pi = 300y - \frac{1}{2}y^2$　2．300　3．600
4．供給関数は $S = P$、供給曲線は $P = S$
5．利潤は45000円、生産者余剰は45000円

例題6-6 1．$\pi = 400y - 100y^2$　2．2　3．3
4．供給関数は $S = \frac{1}{200}P$、供給曲線は $P = 200S$
5．利潤は400円、生産者余剰は400円

例題6-7 1．$\pi = Py - \frac{1}{H}y^2$　2．$P = S$（図示は省略）
3．$P = \frac{1}{2}S$（図示は省略）　4．省略

例題6-8 省略

第7章

例題7-1 1．市場　2．需要量　3．供給量　4．価格　5．消費者
6．生産者　7．大きく　8．大きく　9．一致　10．均衡

例題7-2 1．市場需要関数は $D_M = 20 - 4P$、市場需要曲線は $P = 5 - \frac{1}{4}D_M$
2．省略

例題7-3 1．市場供給関数は $S_M = \frac{8}{3}P$、市場供給曲線は $P = \frac{3}{8}S_M$
2．省略

例題7-4 均衡取引量は8、均衡価格は3（図示は省略）

例題 7-5　20

例題 7-6　1. 均衡取引量は 5、均衡価格は 5、消費者余剰は $\frac{25}{2}$、生産者余剰は $\frac{25}{2}$、社会的余剰は25（図示は省略）
2. 市場需要曲線は $P=10-\frac{1}{2}D_M$、均衡取引量は $\frac{20}{3}$、均衡価格は $\frac{20}{3}$、消費者余剰は $\frac{100}{9}$、生産者余剰は $\frac{200}{9}$、社会的余剰は $\frac{100}{3}$（図示は省略）
3. 省略
4. （b）

例題 7-7　1. 均衡取引量は $\frac{10}{3}$、均衡価格は $\frac{20}{3}$、消費者余剰は $\frac{50}{9}$、生産者余剰は $\frac{100}{9}$、社会的余剰は $\frac{50}{3}$（図示は省略）
2. 均衡取引量は 5、均衡価格は 5、消費者余剰は $\frac{25}{2}$、生産者余剰は $\frac{25}{2}$、社会的余剰は25（図示は省略）、消費者余剰と生産者余剰がともに拡大するので消費者と生産者にとって望ましい
3. 均衡取引量は $\frac{20}{3}$、均衡価格は $\frac{10}{3}$、消費者余剰は $\frac{200}{9}$、生産者余剰は $\frac{100}{9}$、社会的余剰は $\frac{100}{3}$（図示は省略）、消費者余剰がさらに拡大するので消費者にとって望ましいが生産者余剰は縮小に転じるため生産者にとって望ましくない
4. （b）

例題 7-8　1. 均衡取引量は 5、均衡価格は 5、消費者余剰は $\frac{25}{2}$、生産者余剰は $\frac{25}{2}$、社会的余剰は25（図示は省略）
2. 均衡取引量は $\frac{20}{3}$、均衡価格は $\frac{10}{3}$、消費者余剰は $\frac{200}{9}$、生産者余剰は $\frac{100}{9}$、社会的余剰は $\frac{100}{3}$（図示は省略）
3. 加盟後の国内生産者の生産者余剰は $\frac{50}{9}$、加盟前の国内生産者余剰は $\frac{25}{2}$ であったので、加盟により国内生産者の生産者余剰は減少する（図示は省略）
4. （b）

第8章

例題 8-1　省略

例題 8-2　1. $\pi=10y-\frac{1}{2}y^2-20$　2. 省略　3. 10　4. 省略

例題 8 − 3　1．$P_L = 4$　　2．省略
　　　　　　3．均衡取引量は70、均衡価格は7、消費者余剰は245（図示は省略）
　　　　　　4．50社

例題 8 − 4　省略

例題 8 − 5　1．特許　　2．社会的余剰　　3．死荷重　　4．トレードオフ
　　　　　　5．インセンティブ

例題 8 − 6　1．均衡取引量は66、均衡価格は66、消費者余剰は2178、生産者余
　　　　　　　剰は2178（図示は省略）
　　　　　　2．均衡取引量は60、均衡価格は60、消費者余剰は1800（図示は省
　　　　　　　略）
　　　　　　3．省略

索　引

英数字

1 次関数　　45-47, 62, 69, 79-81, 214, 216
1 次方程式　　210
2 次型効用関数　　82, 101
2 次関数　　45, 83-84, 99, 120, 127, 190, 195, 214, 219
　　——の頂点　　220
2 次方程式　　211
xy 平面　　215

あ　行

アダム・スミス　　41, 54
意思決定　　35
　　——主体　　99
因数分解　　211
インセンティブ　　43, 75, 99, 154, 165, 174
インフレーション　　51, 159
卸売業　　177

か　行

外項の積　　214
介入　　194
解の公式　　83, 99, 127-128, 190, 195, 211, 220
価格　　37, 40-41, 60-62, 64, 68, 76, 93, 98, 104-105, 128, 130, 135, 141, 169, 185
　　——と供給量の関係　　67
　　——と最適消費量との関係　　100
　　——と最適生産量との関係　　128
　　——と資源配分の効率性　　39
　　——と需要量の関係　　61
　　——と需要量の関係自体の変化　　109
　　——についての減少関数　　62
　　——についての増加関数　　68
価格支配力　　189
価格弾力性　　201
価格理論　　57, 71
加減法　　218
寡占　　189
寡占市場　　59
傾き　　216
貨幣　　36, 50, 54
貨幣価値の変化　　159
貨幣保有量　　76, 80, 88, 92, 98
　　——と効用水準の関係　　80
可変費用　　179, 181
関数　　214
間接税　　194
完全競争市場　　57-59, 130-131, 154, 165, 189
機会費用　　5, 17, 19, 22-23, 25, 28-29, 47, 75, 117, 127
　　——の比較　　28
企業　　117
　　——間の競争　　178

(233)

──の自由参入　　188
　　　──の取引費用　　175
　　　──の利潤最大化　　190
希少性　　3, 39
基数　　205
規範的分析　　8
逆供給関数　　69
逆需要関数　　63, 103, 170, 195
逆数　　212
供給関数　　68-69, 128, 134, 145, 171
供給曲線　　70, 130, 132-134, 171
　　　──のシフト　　137
供給表　　67
供給法則　　69
供給量　　66, 128, 141
競争状態　　154
均衡　　141
均衡価格　　149, 153, 157, 187
均衡取引量　　149, 153, 157, 187, 197
金銭的外部性　　158
金銭的費用　　47
金融取引　　54
計画経済　　52
経済厚生　　151, 157
経済主体　　35
経済成長　　53
係数　　208, 216
ゲーム理論　　59
結合法則　　208
限界原理に基づく意思決定　　48
限界効用　　82
　　　──が逓減　　82, 107
限界収入　　130, 133, 180, 191
限界生産性　　120, 122
　　　──が逓減　　120, 123, 126
限界生産性の逆数　　123

限界代替率　　91, 93
限界費用　　123, 130, 133, 176, 180, 183, 191
　　　──が逓増　　123, 126
限界費用曲線　　131, 133, 183
限界費用と平均費用の関係　　182
限界利潤　　129-130, 180, 191
　　　──がゼロ　　129
減少関数　　84
交換　　35
　　　──の対価　　50
交換比率　　93
交換法則　　208
公共財　　170
衡平性　　5-6, 52
効用　　75, 98, 195
効用関数　　45, 79-81, 88, 98-99, 101, 106, 142, 170, 190
　　　──の性質　　85
効用の飽和点　　84
小売業　　177
効率性　　5, 6, 38, 41
効率性と衡平性のトレードオフ　　7
効率的な資源配分　　40-41
合理的な選択　　44, 47
国家　　50
固定費用　　179, 181, 189

さ　行

サービス　　2, 75
財　　2
財・サービスの輸送・管理　　178
在庫　　118
最適消費量　　100, 128-129, 132, 179
座標平面　　215

索　引

産業組織論　179
参入　144, 181
死荷重　192, 197
式　206
資源　3, 14, 23
資源配分　2-3, 41
　——の効率性　23, 28, 41, 53
　——の望ましさ　5
　——のメカニズム　52
市場　41, 54, 57, 141
市場供給関数　145
市場供給曲線　145, 147, 149, 162, 172
市場均衡　148, 172, 187, 199
　——での経済主体の望ましさ　151
　——の効率性　154
　——の変化　155
市場均衡配分　153
市場経済　52-53
市場需要関数　143
市場需要曲線　144, 147, 149, 156, 172, 185, 189
市場取引　31, 36, 38, 40, 53, 193
指数　205
　——の計算　209
次数　208
自然数　203
自然独占　189
実証的分析　8
実数　204
自発的な取引　31
資本主義経済　52
社会実験　53
社会主義経済　52
社会的余剰　38-39, 41, 57, 151-164, 173, 188, 197
　——の損失　152, 192, 196

従価税　194
収入　66, 118, 171
収入関数　126
酒税　201
需要関数　62, 100-101, 143, 170, 195
需要曲線　63, 103-110, 170, 195
　——のシフト　65, 110
需要表　61, 104
需要法則　62-63
需要量　60, 62, 64, 100, 141
　——・供給量と価格の関係の変化　155
　——と価格の関係　103
消費　60, 75
消費者　57-58, 60, 75-76, 99, 173
消費者の効用最大化問題　78-79, 170
　——を解く　99
消費者余剰　38, 41, 57, 79, 105, 107, 151, 154, 157, 173, 187, 191, 196
　——と効用の関係　105
消費税　194
消費量　80, 88, 92, 98
　——と効用の関係　81
情報　40
情報の非対称性　169, 178
所得　76, 98
所得効果　80
所有権　35-36, 50, 170
人的資源　6
税金　55, 170
生産　11, 65-66, 118
生産可能性フロンティア　16, 19, 25
生産関数　119, 171
　——と費用関数の関係　125
　——の性質　120
生産者　57-59, 65-66, 117-118, 162,

235

174
　　　——数の変化　164
　　　——の利潤最大化行動　171
生産者余剰　38, 41, 57, 133, 135, 151, 154, 157, 164, 173, 187, 191
　　　——と利潤の関係　133
生産性　14-15, 19, 26, 120, 123, 138, 162
　　　——の変化　163
生産要素　14, 16, 22-23, 117-118, 162
　　　——の配分　14
生産要素価格　118, 137, 162
　　　——の変化　162
生産要素投入量　117, 119-121, 123
　　　——と生産量の関係　119
生産量　117, 119-121
整数　203
税の帰着　197
　　　——の配分　199
政府　50-51, 53, 55
制約条件　99
絶対優位　21-23, 25, 28
切片　216
線形関数　216
線形効用関数　81
選択可能性とトレードオフの関係　46
増加関数　80, 89, 120-121, 123
相対価格　36, 93
相場価格　58, 98
総費用　179
総費用関数　182
添え字　15, 142, 206
損益分岐価格　184-185

た　行

退出　144
代替財　110
代入法　218
タバコ税　201
中央銀行　50-51
仲介　31
超過供給　147, 151
超過需要　148, 153
追加的費用　14-15, 19, 21-22, 25-26, 28-29
　　　——の比較　28
通分　213
定数　205
定数項　208, 216
手数料　⇒　マージン
デビッド・リカード　30
デフレーション　159
動機　43, 80
独占　189
独占市場　58, 165, 189
独占的競争市場　59
凸　219
特化　12, 14, 20, 28, 30
特許　189
取引　27, 30-31, 35, 37
取引価格　57, 104-105
取引仲介　173
取引仲介費用　175
取引費用　53-54, 170-171, 177
トレードオフ　3-4, 14, 16, 19, 25, 28, 46-48, 75, 99

索 引

な 行

内項の積　214
内生変数　98

は 行

配分　14, 16, 35-36
パラメータ　⇒　未知の定数
販売量　66, 118
比較静学分析　155
比較優位　22-23, 26, 28-31
費用　4-5, 66, 127, 137, 171, 176
費用関数　121, 122, 126
　——の性質　123
費用構造　180, 185
比例関係　213
比例式　213
品質　59
付加価値　11
複占　189
複占市場　59
物々交換　36
ブランド力　59
分業　12, 14, 20-21, 23, 28, 30
　——と特化の望ましさ　30
分数　211
　——の計算　211
分配　11, 31
分配法則　208
平均費用　181, 183
平均費用曲線　183, 186
平方根（ルート）　120, 209
べき関数　214
べき乗　⇒　累乗
べき数　205

便益と費用　47
変数　205
方程式　210
　——の解　210
補完財　111

ま 行

マージン（手数料）　174
未知の数　204
未知の定数（パラメータ）　62, 65, 69, 71, 81, 83, 89, 98, 100-101, 106, 110, 112, 121, 125-126, 138, 155, 158, 190, 205, 216
無差別　44
無差別曲線　89-93
目的関数　45, 99

や 行

約分　213
役割分担　12, 14, 24, 30
輸送費用　169
予算　60, 75
予算制約　99, 101, 170
　——に直面　75
予算制約式　46-47, 98, 194
予算制約線　76, 92
　——の縦軸の切片　77
余剰　38

ら 行

利潤　66, 117, 171
利潤関数　45, 126-127, 171
流通　11

流通業　173
流動性への選好　112
留保価格　38, 40, 57, 61, 64, 68, 104-105, 134-135

累乗（べき乗）　205, 209
ルート　⇒　平方根
連立方程式　148, 218
　——を解く　218

■著者紹介

梶谷 真也（かじたに・しんや）
1978年生まれ、京都府出身。京都産業大学経済学部准教授。2007年、大阪大学大学院国際公共政策研究科博士後期課程修了。博士（国際公共政策）。京都大学大学院経済学研究科COE研究員、明星大学経済学部講師、同准教授を経て、2018年より現職。
主な論文 "Information feedback in relative grading: Evidence from a field experiment," *PLoS ONE*, 15(4)：e0231548, 2020（with K. Morimoto and S. Suzuki）など。

鈴木 史馬（すずき・しば）
1979年生まれ、東京都出身。成蹊大学経済学部教授。2009年、一橋大学大学院経済学研究科博士後期課程修了。博士（経済学）。首都大学東京都市教養学部助教、明星大学経済学部助教、同准教授、成蹊大学経済学部准教授を経て、2019年より現職。
主な論文 "Information feedback in relative grading: Evidence from a field experiment," *PLoS ONE*, 15(4)：e0231548, 2020（with S. Kajitani and K. Morimoto）など。

しっかり基礎からミクロ経済学
LQアプローチ

2016年3月15日　第1版第1刷発行
2021年3月30日　第1版第1刷発行

著　者——梶谷真也・鈴木史馬
発行所——株式会社日本評論社
　　　　〒170-8474　東京都豊島区南大塚3-12-4
　　　　電話　03-3987-8621（販売）　03-3987-8595（編集）
　　　　ウェブサイト　https://www.nippyo.co.jp/
印　刷——精文堂印刷株式会社
製　本——株式会社松岳社
装　幀——図工ファイブ
検印省略 Ⓒ S. Kajitani and S. Suzuki, 2016
ISBN978-4-535-55836-6　Printed in Japan

JCOPY 〈(社)出版者著作権管理機構　委託出版物〉

本書の無断複写は著作権法上での例外を除き禁じられています。複写される場合は、そのつど事前に、(社)出版者著作権管理機構（電話 03-5244-5088、FAX 03-5244-5089、e-mail：info@jcopy.or.jp）の許諾を得てください。また、本書を代行業者等の第三者に依頼してスキャニング等の行為によりデジタル化することは、個人の家庭内の利用であっても、一切認められておりません。

経済学の学習に最適な充実のラインナップ

入門｜経済学 [第4版] 伊藤元重／著	(3色刷)3300円
例題で学ぶ 初歩からの経済学 白砂堤津耶・森脇祥太／著	3080円
マクロ経済学 [第2版] 伊藤元重／著	(3色刷)3080円
マクロ経済学パーフェクトマスター [第2版] 伊藤元重・下井直毅／著	(2色刷)2090円
入門マクロ経済学 [第6版] (4色カラー) 中谷 巌・下井直樹・塚田裕昭／著	3080円
マクロ経済学入門 [第3版] 二神孝一／著 [新エコノミクス・シリーズ]	(2色刷)2420円
ミクロ経済学 [第3版] 伊藤元重／著	(4色刷)3300円
ミクロ経済学の力 神取道宏／著	(2色刷)3520円
ミクロ経済学の技 神取道宏／著	(2色刷)1870円
ミクロ経済学入門 清野一治／著 [新エコノミクス・シリーズ]	(2色刷)2090円
ミクロ経済学 戦略的アプローチ 梶井厚志・松井彰彦／著	2530円
しっかり基礎からミクロ経済学 LQアプローチ 梶谷真也・鈴木史馬／著	2750円
入門｜ゲーム理論と情報の経済学 神戸伸輔／著	2750円
例題で学ぶ 初歩からの計量経済学 [第2版] 白砂堤津耶／著	3080円
[改訂版]経済学で出る数学 尾山大輔・安田洋祐／編著	2310円
経済学で出る数学 ワークブックでじっくり攻める 白石俊輔／著 尾山大輔・安田洋祐／監修	1650円
計量経済学のための数学 田中久稔／著	2860円
例題で学ぶ 初歩からの統計学 [第2版] 白砂堤津耶／著	2750円
入門｜公共経済学 [第2版] 土居丈朗／著	3190円
入門｜財政学 [第2版] 土居丈朗／著	4月中旬刊 予価3080円
実証分析入門 森田果／著	3300円
最新 日本経済入門 [第6版] 小峰隆夫・村田啓子／著	2750円
経済学を味わう 東大1、2年生に大人気の授業 市村英彦・岡崎哲二・佐藤泰裕・松井彰彦／編	1980円
経済論文の作法 [第3版] 小浜裕久・木村福成／著	1980円
経済学入門 奥野正寛／著 [日評ベーシック・シリーズ]	2200円
ミクロ経済学 上田 薫／著 [日評ベーシック・シリーズ]	2090円
ゲーム理論 土橋俊寛／著 [日評ベーシック・シリーズ]	2420円
財政学 小西砂千夫／著 [日評ベーシック・シリーズ]	2200円

※表示価格は税込価格です。

〒170-8474 東京都豊島区南大塚3-12-4　TEL:03-3987-8621　FAX:03-3987-8590　日本評論社
ご注文は日本評論社サービスセンターへ　TEL:049-274-1780　FAX:049-274-1788　https://www.nippyo.co.jp/